仕事ができるとは
どういうことなのか

大川隆法
RYUHO OKAWA

まえがき

仕事というものは、まことに不思議なものです。本人がまわりの人たちに認められたくて一生懸命《いっしょうけんめい》やってみせても、反発や批判が返ってくることが多いものです。ところが我《われ》を忘れて、没頭《ぼっとう》し、いわば「無私《むし》」「無我《むが》」の状態になっていると、いつのまにか、まわりの評判も上がってくるものです。

また、「水のように」「空気のように」、目立《めだ》とうともせず、あたり前のことを、あたり前に、常に必要を満たしていこうと考えていると、職場でも、会社でも能率《のうりつ》が上がってくるものです。

およそ、仕事ができる人間となるためには、知力、気力、体力が必要ですが、汗を流しているうちに知恵が生まれてくるというのが私の実感です。組織の一人一人が、社長の気持ちになって事に当たれば、必ずや道はひらけるものだと信じます。

二〇一七年　二月二日

幸福《こうふく》の科学《かがく》グループ創始者兼総裁《そうししゃけんそうさい》　大川隆法《おおかわりゅうほう》

仕事ができるとはどういうことなのか　目次

第1章　仕事ができるとはどういうことなのか

二〇一七年一月二十一日　説法《せっぽう》
東京都・幸福の科学総合本部にて

3　一人ひとりに必要な「経営者の目」とは？　37

第２章　できる社員の条件

二〇一四年一月二十二日　説法
東京都・幸福の科学総合本部にて

第1章

仕事ができるとはどういうことなのか

二〇一七年一月二十一日　説法《せっぽう》
東京都・幸福の科学総合本部にて

1　仕事ができるトランプ、できないオバマの差とは

トランプ新大統領の「就任演説」を聴《き》いて感じた二つのこと

日本時間の今日（二〇一七年一月二十一日）の未明、アメリカのほうでは大統領の就任式があり、トランプ新大統領が二十分ほどお話しされました。

私も聴《き》いてみましたが、非常に分かりやすい英語で話されていました。おそらく、日本の小学生では無理かもしれませんが、アメリカの小学生が分かるレベルの英語で、具体的に述べていたように思います。

その話に対しては、「格調が低い」とか、「歴代の大統領に比べてどうだ」など、いろいろと意見は出るでしょう。ただ、私は逆に、分かりやすく、具体的であり、小学生でも分かる言葉で訴《うった》えかけたところを見て、二つのことを感じたのです。

一つは、「分かりやすくて具体的だ」ということは、「何をしようとしているかが分かる」ということであり、つまりは、「できたか、できなかったか」を、誰《だれ》もが国民の目線で判定できるということです。

要するに、「分かりやすく具体的に言う」ということは、「その内容について責任が生じる」ことを意味するわけです。そうしたことを一つ感じました。

さらに、「なぜ、そこまで分かりやすく具体的に言ったのか」ということを考えてみたときに、もう一つ、「マスコミの仕事をなくしてしまったのではないか」ということを感じました。これは一貫《いっかん》して感じていることです。

米大統領選挙戦を通じてマスコミがいろいろなことを言い続けてきて、トランプ

ワシントンD.C.の米国議会議事堂前で就任演説を行うドナルド・トランプ第45代米大統領。

氏から見れば、間違《まちが》っていることや不要な議論というよりは、偏向《へんこう》した議論がそうとう多く、それについてはずいぶん腹立たしい思いをされたのだろうと思います。また、マスコミの多数はやや過剰《かじょう》気味になっており、「ああでもない、こうでもない」と議論をすることで、マーケットを広げているというのが現実です。そのため、政治家もまた、責任を取らずに済むような、抽象《ちゅうしょう》的で、はっきりとは分からず、どうにでも逃《に》げられるような言葉を使って議論し、話をするので、マスコミの解釈《かいしゃく》の余地が分かれて、「解説者」がたくさん出てくるという仕組みになっているわけです。

こうした現状において、トランプ氏はツイッターでもいろいろと発信をしていることから見ても、直接、国民に分かるように伝えようとしている姿勢がうかがえます。

責任を問われないような内容だった安倍《あべ》首相の「施政《しせい》方針演説」

同じように昨日（一月二十日）、日本では国会が始まったので、安倍《あべ》首相が施政《しせい》方針演説を行いました。

演説では、具体的なところも少しはありましたけれども、〝官僚《かんりょう》作文〟なので、大多数は抽象的な用語を使っていました。「何かやろうとしているらしい」ということは分かるものの、結局、それが何かはよく分からず、すべてが終わったあとに、「それが達成できたのか、できなかったのか」についての責任は発生しないように、見事にできていました。これは毎回そうです。

抽象的な言葉を使って、何か歴史的なことをしようとしているようには聞こえるのだけれども、結果を振《ふ》り返ってみたときに、「これは達成したか、しなかったか」についての判定ができないような言い方をするのです。

オバマ前大統領も、その傾向《けいこう》は強かったように思います。

オバマ氏の演説は、格調高く、抽象的で、普遍《ふへん》的なように見えて、結局は、何をしようとしているのかがよく分からず、言葉で仕事をしたように見せるというのが特徴《とくちょう》でした。要するに、「『できたか、できなかったか』については分からない。情感の問題だ」ということです。

ですから、それに好感を持ってくれる人が多く、マスコミが評判にすれば「よい」という結果になり、マスコミが悪く言えば「悪い」という結果になるというように、マスコミの印象を結果として捉《とら》えている感じがあったのです。

安倍首相に関しては、マスコミの印象操作もしていますけれども、それだけではなく、やはり、どちらかといえば、「失敗した」ということで足を取られないようにしている傾向が強くあります。

ただ、これについては、歴代総理にも言えることでしょう。言葉はいいけれども、具体的なところでは引っ掛《か》けられないように気をつけていて、たまに具体的なものを入れると、それが見事に失敗となることもよくあります。

このあたりのことを、今日、アメリカの大統領就任演説関連のものを観《み》て、感じました。

アメリカを強くし、豊かにするトランプ大統領

これは意外に大事なことだと思うのです。

トランプ大統領は、頭のよい方なので、難しく言おうと思えばいくらでも言えるし、責任を取らないように言おうとすれば、簡単にそうできるはずです。

しかし、彼は、責任が生じるようなことを、はっきり言います。

例えば、「メキシコとの国境に壁《かべ》をつくる」と言ったら、「つくれたか、つくれなかったか」は明瞭《めいりょう》に分かるでしょう。失敗であれば「失敗」とはっきり出て、みな、「失敗した」と分かります。

そういうことを、バシッと言ってくるわけです。

また、私は、二〇一五年の講演で、「ジョブ・クリエーションしなければ駄目《だめ》だ」

と述べましたが（『正義の法』〈幸福の科学出版刊〉第5章参照）、今回、トランプ大統領は、「ジョブ・クリエーションの中身は何か」ということを彼の言葉で語りました。

「（国内に）工場を持ってくる」、「潰《つぶ》れているものを、もう一度立て直す」、あるいは、「賃金の安い国でつくって輸入する場合は、関税をかけるぞ。だから、アメリカに工場を出せ！　よそで出してもいいが、関税を高くするぞ」と言っていますが、簡単で、非常に分かりやすいと思います。

要するに、これによって仕事がアメリカに集まり、雇用《こよう》のない人たちに仕事ができるわけです。

さらに、「メキシコとの国境に壁をつくる」と言っているのは、麻薬《まやく》や犯罪、違《い》法《ほう》移民がたくさん入ってくるからでしょう。

「正義」の視点から、国際政治の指針を示した一冊。
『正義の法』
（幸福の科学出版刊）

もちろん、正規に入国して、「アメリカ人として働く」というのなら、別に文句《もんく》はないのでしょうが、問題は違法に入ってきている人です。

メキシコとの国境には三分の一しか「フェンス」がありません。つまり、それ以外のところからは〝入り放題〟になっていて、（違法移民に）マフィア組織などがつき、たくさん流入してきています。

また、たいていの場合、麻薬を入れたリュックを背中に担《かつ》いでいるらしいのです。自衛隊の迷彩《めいさい》服のようなものを着て、（警備が）手薄《てうす》なところを狙《ねら》ってメキシコ国境を渡《わた》り、アメリカに入ってくるといいます。

そして、リュックに入った麻薬を、見事にアメリカ側の人に渡して売りさばけたら、〝手数料〟として二万五千ドル、つまり、一ドル百円とすると、二百五十万円ぐらいは儲《もう》かるようなのです。

そのように、（違法移民は）手薄なところを探してはサッと入ってきますが、マフィアというか、ギャング風のものもついていて、警察も迂闊《うかつ》には手が出せないのでしょう。

これが現状なので、トランプ大統領が、「（壁を）ガシッとつくって（違法移民を）入れないようにする」と言っているのを、そのあたりに住む人たちが聞けば、「すごくはっきりしたことを言うな」と感じて支持するのは当然だろうと思います。

これに対して、ローマ法王は、「国境に壁をつくるのではなくて、橋を架《か》けるのが宗教の仕事だ」というようなことを言っていました。

ただ、具体的に、麻薬が流入してきていることや、犯罪が増えていること、不法に入ってきてやっている者が多いことなどの問題については意識せず、単に、「宗教というのは、橋を架けることだ」と言うだけで済ますのであれば、余計なことにすぎないでしょう。「こういう場合は政教分離《ぶんり》が必要だな」と感じることは、私にもあります。

いずれにしても、これは、「具体的に分かりやすく言うと、責任が生じる」ということがよく分かる事例です。

（トランプ大統領は）これから仕事をされるので、それについてはおいおい見ていきたいとは思いますが、最初は、仕事がなくなったマスコミから批判がそうとう出るかもしれません。あるいは、今までやってきた仕事が否定された民主党系の議員や、今まで批判をしてきた学者等からも、やはり批判は出るとは思います。

しかし、一年ぐらいすれば、結果はよく見えてくるでしょう。アメリカは強くなります。豊かになります。その結果は、世界を〝よい方向〟に回転させていくだろうと思っています。

日本としては、全部が全部、整合しないところはあるでしょうが、その流れを受けながら、「やるべきこと」を自分たちで考えていかねばならないのではないでしょうか。

2　あなたの仕事は「無駄《むだ》仕事」になっていないか

仕事は「具体的に目に見えるかたち」でやってのけることが大事

さて、「仕事ができるとはどういうことなのか」というテーマに関連し、トランプ大統領の例を引きましたが、やはり、目に見えるかたちで、はっきりと、「この仕事が仕上がった」「片付いた」というようになっていくのはよいことだと思います。

逆に、「抽象《ちゅうしょう》的にだけ言い、抽象的に終わっていく」というような、あるいは、解釈《かいしゃく》のしようによってはどうにでもなるようなかたちで、「今年はできました、できませんでした」などという感じで終わるような仕事は、あまりよいものとは言えません。

何であっても、具体的に目に見えるかたちでやってのけるのは大事なことです。誰《だれ》が見ても、「ああ、これをやったんだな」ということが分かるのは、よいことだと考えてよいでしょう。

では、「目に見えない仕事」とは何でしょうか。それは、「議論をこれだけ重ねた」というような話です。

例えば、法律をつくる場合に、「議会で○時間も議論をした」「懇談会《こんだんかい》や審議会《しんぎかい》を○回開いた」というように、「これだけの時間をかけて十分に議論が尽《つ》くされたから通してよい」というお墨付《すみつ》きにして、自分たちで決めるようなことをしています。

しかし、そういうものに生産性があるのかどうかについては、疑問なところもあります。

人間、「場所」と「暇《ひま》」があると、議論をたくさんするものですが、「結果的に何も進んでいなければ、それは仕事ではない」と思わなければいけません。つまり、暇潰《つぶ》しをしているということです。そのように考えたほうがよいと思います。

「仕事」と「遊び」の違《ちが》いとは何か

また、「仕事」と「遊び」の違《ちが》いというものを見るにつけても、そのようなところはあるかもしれません。

遊びは、一時期であれば面白《おもしろ》いのですけれども、ずっとは続けられないものです。あるときの気分転換《てんかん》やストレス抜《ぬ》きのためにパッと遊ぶことは楽しくても、それを毎日毎日できるかといえば、やはり、できません。それはつらいでしょう。

例えば、テニスなどは、息抜きにプレーするのには面白くても、遊びでやっているだけなら、毎日はできないでしょう。もちろん、プロの選手のように、仕事としてテニスをする人にとっては、毎日のプレーは厳しくも楽しいことになるのかもしれませんが、普通《ふつう》はそうはいきません。

また、近々、ある将棋《しょうぎ》の名人が引退するとのことですが（注。二〇一七年一月十九日、公式戦最年長記録保持者である、将棋の加藤一二三《かとうひふみ》九段〔七十七歳《さい》〕の引退が決まった）、七十七歳まで現役《げんえき》でやっていたとしても、それは、毎日毎日、仕事として真剣《しんけん》に取り組むなかに向上への道があり、「名局を指すことで多くの人たちを楽しませている」といったことに喜びがあるのでしょうから、それはそれでよいと思います。

しかし、遊びだけで将棋をしている者が延々とやり続けていたら、どうでしょうか。最初のうちは楽しめたとしても、だんだん時間が惜《お》しくなったり、「もっとほかのことをやらなければいけないのではないか」と思ったりするようになるのではないでしょうか。

ですから、遊びと仕事とでは違いがあります。

仕事となると、一見、苦しかったりすることもあったとしても、やり続けていけば、喜びもあるし楽しみもあるでしょう。また、続けるうちに、自分のスキル、要するに仕事の技量が上がっていくため、それで仕事が進んでいき、結果が見えてくると楽しくなるという点が違います。

そういう意味で、「仕事」は「遊び」とは違い、技量が上がり、目に見えるような感じで成果が出てきて、自分自身のものであったところから周りへ波及《はきゅう》していくところまで見えてくると、やはりうれしいものです。

自分の仕事をほかの人の目から見つめてみる

ですから、自分がしていると思う仕事を、少し違った面から見てみてください。それは、鳥の目でも、社長の目でも、誰の目でもよいのですが、〝ほかの人の目〟から見てみることです。

「ほかの人の目で見るように、あなたの仕事って、見えていますか?」「何をしているかが見えますか?」「どんな結果が出たか、見えますか?」「それは、いい仕事だったたか、悪い仕事だったたか分かりますか?」といったことを見るのが大事なのではないかと思います。

もし、時間を潰しているというのであれば問題ですし、「部署の予算があるので、それを消化していました」というのであれば、やはり、仕事とは言えないのではないでしょうか。

仕事である以上、何かを生み出さなければいけないし、何かをつくり出すか、何かをやめるか、あるいは何かを変化させることが大事ですけれども、その「つくり出す」「やめる」「変化させる」といったことは、どれを取っても、よりよい方向に結果を出すということです。

「よりよい方向に持っていくために、新しいものをつくり出す」「よりよい方向に持っていくために、無駄《むだ》な仕事をやめる」「よりよい方向に持っていくために、維《い》持《じ》し続ける」ということが大事であるわけです。

抽象《ちゅうしょう》的な主義主張や理念だけに執《と》われると結果が見えなくなる

アメリカの政治でも、よく、「チェンジ、チェンジ」と言っていますが、ただチェンジすればよいというわけではありません。変化だけなら、どちらにでも変化するので、やはり、よりよい方向に変化しなければいけないでしょう。

その変化には、新しいものをつくり出したり、付け足していったりするということもあります。よく、「付加価値で考える」と言うのは、そういうことです。

また、「無駄なことをやめる」というのもチェンジです。あるいは、いろいろと行《おこな》っていることのなかから重要なことは何かを絞《しぼ》り出していき、重点をつけるのもチェンジに当たるでしょうか。

そういうことが大事ではないかと思います。

例えば、今まで民主党が行っていた仕事を、新しい大統領が「要《い》らない！」と言ってやめてしまうことになったら、今までそれを仕事だと思っていた人たちにとっては、「それは仕事ではない」と言われたのと同然ですから、「その考え方は間違っている」と一生懸命《いっしょうけんめい》に攻撃《こうげき》しないと、自分の保身ができません。そのため、そういうことをしがちですけれども、結果を見てみないと、それは分からないでしょう。

例えば、「オバマケア」が要るものだったか、要らないものだったか、それは結果を見ないと分からないわけです。

必要なことは、「自由貿易か、保護貿易か」などということではなく、「それによって、国が発展・繁栄《はんえい》するのか、しないのか」ということです。そうした観点で見ると、考え方も違ってくるはずです。抽象《ちゅうしょう》理念から入っていくと、よく分からなくなるのです。

どちらかを選択《せんたく》すると、何であっても、それらがみな続いていくことになります。

例えば、ＮＡＦＴＡ《ナフタ》（北米自由貿易協定）というものが入ってきて、北米での自由貿易が始まり、関税までゼロになってしまったらどうなったかといえば、工場は人件費の安いメキシコのほうへことごとく移っていくわけです。

メキシコでつくっても、アメリカ国内で売るときには税金がタダになり、国内でつくっているのと同じになるような状態であれば、工場はみなメキシコへ移転してしまいます。しかし、それではアメリカは困るわけです。

したがって、アメリカ内に工場を呼び込《こ》まないといけないのであれば、やるべきこととして、「いや、米国内でつくれ」と言ったり、あるいは、「米国内から脱出《だっしゅつ》するというのであれば、関税をかけますよ」と言ったりするのも、これは考え方の一つでしょう。

NAFTAという自由貿易によって繁栄するとは、必ずしも言えないところがあって、片方（アメリカ）では失業者の山になり、もう片方（メキシコ）では大量の雇用《こよう》が生まれているわけです。それでも、雇用の生まれているところが豊かになり、その利益を還元《かんげん》してくれて、モラルも高くなって、犯罪も少なくなり、よい国になって、よい国民が移入・移民してくださるのであればよいのですが、数多くの犯罪を持ってこられるなら、「それはちょっと困る」ということもあるでしょう。

そのようなこともあるので、考え方はいろいろあろうかと思いますが、主義主張や理念だけに執《と》われた場合に、結果が見えなくなることはよくあるので、そこは気をつけなければいけません。

目標が、「これ以上は必要ない」という統制の条件になっていないか

あるいは、有名な「目標管理」というような考えについても気をつけなければならないと思います。

これはドラッカーも言っているように、「目標を立てる。それを達成する」ということは、普通に行われることであり、大事なことでもあるのですが、本来、目標達成とは努力をするための目印《めじるし》だったにもかかわらず、それが逆になり、この目標そのものが「制約条件」になったり、「統制の旗印」になってしまったりすることもあるわけです。

目標というのは、あくまでも仕事を前進させていくためにあるべきものなのに、その目標を立てたことによって、仕事に統制がかかっていくことがあります。もし、

ピーター・Ｆ・ドラッカー（1909 ～ 2005）
アメリカの経営学者。『現代の経営』などの数多くの著作は世界の企業経営者に大きな影響を与え、その業績から「マネジメントの父」と称される。

「目標はこれとこれしか出ていませんでした。すでに達成したので、もう、それ以上はする必要がありません」という感じになって、それ以外のことはしなくてもよいといった統制条件になるのであれば、この目標管理の考え方には明らかに間違いが入っていると思うのです。

このへんの考え方については、よく知っていなければいけないのではないでしょうか。

無理な目標に対し、〝数字づくり〟に汗《あせ》を流すのは無駄《むだ》なこと

ただ、そういうことは、どんな大会社であっても起きていることではあるのです。本部でつくった目標などというのは、だいたいが机上《きじょう》の空論《くうろん》であり、社会主義の中央統制経済とそれほど変わらないので、末端《まったん》に行くとどうなるかはなかなか分からないものです。ブロックごとに割り、支店ごとに割り、部ごと、課ごとに割っていったら、最終的にどうなるかというのは、本部ではなかなか分かりません。

そのため、末端に来た目標に対し、彼らが「ああ、これは無理だ」と思ったら、〝数字づくり〟に励《はげ》むようなことで汗《あせ》を流すのです。もっとも、実際に汗を流しているわけではないのですが、とりあえず数字だけを合わせて本部に報告しておけば、それで済みます。それが嘘《うそ》であることは、査察をしないかぎりは分からないのですが、査察に入って点検し、調べてみると嘘がバレるわけです。

しかし、これは実に不要な仕事ではないでしょうか。正直にきちんとやっていれば要らない仕事が発生しているだけのことです。ごまかす仕事も無駄《むだ》な仕事であるし、それが嘘だということを調べ上げる仕事も、無駄な仕事でしょう。結局は、無駄がそこに発生していることになります。

当会でも、伝道目標や講演会の拝聴者《はいちょうしゃ》目標等が本部から出ており、いちおう目標を立てています。そして、結果に対する報告はないことも多く、たまに報告されることもありますけれども、私はあまり見ていません。厳密に見るようにすると、数字がピタリと合うようになって、中国経済とまったく同様に、最後には国家目標とちょうど同じ数字が出るようなことになるので、もう、あまり言わないことにしているのです。

最近では、当会の伝道部門からの報告には目標対比が正直に書かれています。「この目標に対し、結果としては三割から四割しか達成しませんでした」というようなことをそのまま書いてあるのです。私も何も言わないので、そのまま出してきています。そのことをあまりギャアギャア言うと、数字をピッタリと合わせてきて、目標対比百パーセントのものを上げてくることが分かっているので、言わないことにしているわけです。

例えば、五万人に講演を聴《き》いてもらうという目標であれば、百パーセントになるかもしれないところを、十万人の目標にした場合、どうなるでしょうか。「実際には十万人まで行っていないのではないか。五、六万人しか聴いていないだろう」などと差し込むと、「そんなことを言っていいんですか? バブルが発生しますよ」と開き直ってこられるので、「数字だけ〝十万人をつくる〟にすぎない仕事は要らないから、もう結構です」ということになります。

ほかの教団についても、似たような話はだいぶ聞いています。

例えば、名前を出すと申し訳ないのですが、生長《せいちょう》の家《いえ》にもかつてこういうことがあったようです。地方行事で「○人に聴かせる」という目標があると、地元からの報告には必ず嘘が入ってバブルになるため、本部から覆面《ふくめん》の人が二人ぐらいで行き、入っている人数を数えていたようです。

そのように両方からの報告を取ったりしているわけですが、相手もなかなか〝さるもの〟で、講習会を四時間とか、長い場合には八時間ぐらいやるとすれば、行事を午前と午後に分けると、参加者はお昼休みに外へ出て、また入るかたちになるので、人数は二倍になるわけです。休憩《きゅうけい》時間に出たり入ったりしているため、四倍にすることもできます。

そういうわけで、カウンターで数えていたとしても、人数はいくらでも調整が可能なので、「○人目標」で、「はい、達成しました」などといった仕事をどれだけやっても、それは無駄な仕事でしょう。はっきり言って、無駄な仕事なのです。

3　一人ひとりに必要な「経営者の目」とは?

各人が「個人営業の店主だ」という意識を持つ

結局、なかにいる一人ひとりが、「経営陣《じん》」、「経営者の目」で自《みずか》ら物事を考えなければ、意味のないことであるわけです。

あえて言うならば、「一人ひとりが個人営業のお店をしているのだ」と思って取り組んでください。もし、一人でお店をしていたら、いくら自分で売上をごまかしたり、「来客は○人で、○枚売れました」などと帳簿《ちょうぼ》に書いたりしたところで、意味はゼロでしょう。どうでしょうか。

自分一人でお店をしていて、仕入れを行い、支払《しはら》いもして、売って、代金回収をしたり、銀行からお金を借りたりしていたとしたら、そんなものはいくらごまかしたところで、まったく意味がありません。

自分一人であれば、報告の義務もなく、自分で分かっているだけですけれども、「それで食べていけるかどうか」だけは分かるはずです。潰《つぶ》れるときには、もう簡単に潰れます。それは明らかに潰れるでしょう。

したがって、すべての人に、多少なりとも、そういう気持ちを持ってほしいのです。自分は一人で個人営業をしているお店の店主だと思ったときに、それは仕事として成り立っているでしょうか。あるいは、自分の上に社長がいるとするならば、「社長がこの仕事を見て、自分を雇《やと》うだろうか。自分の仕事を、仕事として見るだろうか」という目で、どうか見てほしいのです。そうしたことを考えてみると、考え方は変わってくるのです。

組織の縦のラインが長くなってくると、「とりあえず、ラインの上のほうにいる人への報告をすること」だけが仕事になることがあります。

大事なことは、やはり、一主任であろうとも、支部長であろうとも、あるいは在《ざい》家《け》支部長であろうとも、個人店主の気持ちで、「自分にできることは何か」と考えることです。個人営業であれば、「お客様が買わなくなったら潰れるのだ。お客様が来なくなったら潰れるのだ」という、ただそれだけのことです。

それだけのことをよく考え、キチッと仕事をすることが大事なのです。そのあたりのことについて知ってください。

時間を守れないタイプの人は仕事ができるようにならない

あとは、「時間の面がだらしない」という声も一部にはあるので、ここも気をつけたいところです。「幸福の科学の支部行事等に行くと、だいたい、その後の予定が立たなくなる」と言われることも多く、もう少しキチッとメリハリをつける必要があるでしょう。

行事のときに支部へ行って手伝ったりして、行事が終わったら、次に何ができるかといったことは、在家の方もみな知っているでしょうから、そのあたりの予定がつくように段取《だんど》りをしてあげなければなりません。いろいろなことで延々とダラダラ引っ張ると、彼らはみな困るので、だんだん来なくなります。

やはり、「支部に来なくなる」ということの意味を理解する必要があるのではないでしょうか。時間にルーズであると、そういうことになるわけです。

これは当会の職員だけでなく、だいたい、「時間を守れないタイプ」の人というのは、はっきり言って、仕事ができるようにはなりません。

「何時から何時ぐらいまでやる」ということを決めたら、キチッとその時間を守れるようにしなければ、基本的に、仕事ができるようにはならないのです。「いつも遅《おく》れてくる」「いつも終わらない」「持ち越《こ》す」というようなことばかりしていては、やはり駄目《だめ》でしょう。

職員が会議ばかりしていた紀尾井町《きおいちょう》ビル時代

昔、幸福の科学の総合本部が千代田区《ちよだ》の紀尾井町《きおいちょう》ビルに入っていたときも、空間が急に増えたため、やたらと会議室がたくさんできたこともあります。立派な高級木材でつくられたドアや飾《かざ》り付けなどが施《ほどこ》された会議室が幾《いく》つもあり、たまに視察に行くと、あちらでもこちらでもタコツボのように部屋に入り、会議ばかりしているのを見かけました。「理事会というものができたけれども、何をすればよいか分からないので、とりあえず会議、会議、会議」と、会議ばかりを延々と行《おこな》っていたわけです。

「何をしているのですか」と訊《き》くと、「いや、とにかく会議をやっているのです。全員が共有しなくてはならないので」などと言っていたのです。ところが、個人的に訊いてみると、「いや、会議が多くて、自分の仕事ができなくて困っているのです」と言うので、「いや、それなら、仕事をしたほうがいいんじゃないですか」と言いました。

連絡《れんらく》だけならば、ほかにも方法はいくらでもあるはずです。連絡事項《じこう》を簡潔に紙一枚に書いて回せば、それで終わることでしょう。

とにかく、そのような感じで、「会議、会議とやっているようでは、まずいな」と思い、私は本部を小さくしたわけですが、総合本部を紀尾井町ビルから品川区《しながわ》の戸越《とごし》の自前のビルへと移したときには、職員もそうとう抵抗《ていこう》しました。やはり、外から歩いてきて、ビルの大きな入り口から入り、エレベーターを使って上がるようなところがとても気持ちよかったらしく、戸越へ行ったら、うらぶれる感じがしたのか、抵抗がすごかったのです。

しかし、要するに、仕事というのは、何らかの「新しい価値」を生まないといけないのです。付加価値を生んでいないものであるなら、そうなってもしかたがありません。そういうことを知らなければいけないと思います。

それが継続《けいぞく》していくためには、お客様が繰《く》り返し使ってくださることが大事です。要するに、リピーターとして、「繰り返し買ってくださったり、サービスを受けてくださったりするような方」ができなければいけません。

「全体として発展しない理由はどこにあるか」を考える

さらには、「新規の人」を獲得《かくとく》していく能力が必要です。

ただ、新規の人は獲得できたとしても、「古い人がみな去っていく」というのでは、仕事としては、これもまた、たいへん不安定なものになります。

したがって、仕事においては、「今まで来ている人には引き続き来てもらえるように工夫《くふう》しながら、新しい層を増やしていくこと」が非常に大事なことです。これで、発展するかどうかがほとんど決まります。

では、発展しないのは、どのような場合でしょうか。

例えば、「新規の人がまったく来ない場合」、「古い人がどんどん辞《や》めていく場合」、それから、「新規の人が多少は増えるものの、辞めていく人のほうが多い場合」などは、発展しないということになります。

もっとも、まったく辞めないようにするのは無理かもしれませんけれども、辞めていく人を少し抑《おさ》えながら、入ってくる人を増やさないといけないでしょう。それを、名目だけ増えていくような、例えば、署名活動の名簿のようなものをすべて信者としてカウントし始めたら、これは自己満足にはなるかもしれませんが、まったく経営指標が狂《くる》ってきます。

こういうときには、先ほど述べたように、自分を一人営業の店長だと思ってください。

もし、自分一人だけで物を売っていると思ったら、どうでしょうか。

例えば、アイスクリームでも、お好み焼きでも、たこ焼きでも何でも構いませんが、区画を借りて店を出し、自分一人でそこを任されていると思ってください。そこで、お客様が商品をチラッと見たというだけで、「あっ、一名カウント」などとやっていたら、そんなのは意味がないことぐらい、自分でも分かるでしょう。

そういうものをノートに書くだけ無駄です。「店の目の前で足を止めたお客さんが○名、たこ焼きの匂《にお》いを嗅《か》いだお客さんが○名」などと、いくら書いても、実際にたこ焼きを買ってくれなければ、それは意味がないわけです。仕入れ代金を払わなければいけませんし、「仕入れ代金」以上の「売上」が立たなければ利益が出ないので、自分が食べていくお金がないのです。要は、それだけのことなのです。しかし、組織が大きくなると、そういうことはいくらでもできるようになります。ここが気をつけなければいけないことなのです。

したがって、ときどきは原点に帰り、「自分の仕事は、本当に要《い》るのかな？　役に立っているのかな？」というように、振《ふ》り返ってみてください。

組織の基本ユニットとして最低五人は必要

それから、組織をつくる場合、企業《きぎょう》の原点としては、基本的には、「リーダー」が一人いて、リーダーの「相棒、相談する相手」が一人ぐらいは必要でしょう。また、「何か物をつくる人」が一人いて、「それを営業する人、売る人」が一人いて、さらに管理部門として、「全体を調整する人」が一人要るでしょう。

つまり、リーダー、その参謀《さんぼう》ないし相談相手、つくる人、売る人、それから管理部門的な調整をする人、これだけいればできます。組織の基本ユニットは五人です。この五人がいれば、基本的な会社のスタイルはできるわけです。

もう少し詳《くわ》しく言うと、自分がリーダーであれば、頼《たよ》りにできる相談相手が要ります。

また、実際上、何をつくっているかは分かりませんけれども、映画なり、音楽なり、原稿《げんこう》なり、説法《せっぽう》なり、祈願《きがん》をするなり、そういったものは、すべて、つくる行《こう》為《い》になると思います。

それから、お客様を集めたり、参加者を増やしたりするような人も要るでしょう。あとは、事務をしたり、経理をしたり、連絡をしたり、全体のバランスを取ったり、あるいは、お金を借りてきたりするような人も要るでしょう。

組織はそうした基本ユニットでできているので、それで、事務所経費および、彼らの給料分以上の売上を立てなければ、基本的に、組織を維持《いじ》するのは難しいということです。

簡単に言えば、そういうことかと思います。

〝手際《てぎわ》よく〟仕事をすることの大切さ

「仕事ができるとはどういうことなのか」というテーマは、難しいところはあるでしょう。

ただ、私のほうからのお願いとしては、「〝手際《てぎわ》よく〟やってください」ということになります。なるべく手際よくやってください。基本的に、手際の悪い人は駄目なのです。

例えば、以前、料理をつくる仕事に関して、次のような経験をしたことがあります。

当時、私は、マンションに住んでいたのですが、マンションの台所というのは、それほど広いものではありません。要するに、普通《ふつう》の家族分の食事をつくるぐらいしか広さがないわけです。そのころに、食事をつくる担当者として、「喫茶店《きっさてん》の仕事を手伝ったことがある」というぐらいの女性を一人、雇っていました。

喫茶店であれば、お茶等は出すとしても、ほかには、カレーライスやサンドイッチ程度の簡単な料理をつくるぐらいの経験だったのでしょう。そういう人にお願いしていたところ、食事を摂《と》る人数が増えてくると、「それだけの人数分はつくれない」と言われたのです。「台所には置き場が少ししかない。お皿など、いろいろな物を置く場所がないので、もっと拡張して、大きくしてもらわないとできない。だから、時間がすごくかかるのです」というようなことを、いつも言っていました。それで二時間も三時間もかかってしまい、冷めた料理が出てくるような状態だったのですが、「置き場がない」とのことだったのです。

ところが、何年か後にプロの料理人が担当者として入ったら、まるで違《ちが》いました。同じ台所であるにもかかわらず、同時多発型で、あっという間にいろいろなものを処理してしまったのです。

ただ、それは旅館などでも同じでしょう。日によって泊《と》まるお客様の数は違うので、人数が多い日も少ない日もあるとは思いますが、どういうときでも対応できるようになっているはずです。お客様が多いときには料理人が増えて、少ないときには減るというようなことはないと思うので、おそらく、一人、二人の料理人でやっているのでしょうが、同時多発で並行《へいこう》して処理できるわけです。

実際に私も、新しく入ったプロの料理人の仕事を見て、「『台所が狭《せま》い』ということだったが、まったく関係ない。できるんだな」と気づきました。要するに、「手順」の問題であって、「段取り」がキチッとしていればできるわけです。

それが分かって、私も驚《おどろ》くとともに、「人の言うことを、そのまま聞いてはいけないものだな」と思いました。

ともかく、そういうことがあったわけで、「台所が狭いからできない」、「お皿を置く場所が十分にないからできない」、「この大きさの鍋《なべ》では、これだけしか炊《た》けない」、あるいは、「冷蔵庫が小さい」など、いろいろな言い方をするのですが、実際の理由は、そうではありませんでした。結局、「捌《さば》き方が悪い」ということだったのだと思います。

やはり、できる人の場合、もっと多くのものを、もっと短い時間で簡単に捌いていけるのです。それが、段取りでしょう。「段取りをどうつけるかで、できていくことがあるのだ」と知ってください。

現代では、コンピュータも流行《はや》っていますが、コンピュータを使うことで仕事ができるようになったように思うのは幻想《げんそう》です。コンピュータ会社の人たちは、使う人たちにそういう幻想を持たせないと食べていけないので、そう思ってもらえるのは結構なことなのかもしれません。しかし、よく気をつけないと、誰《だれ》もが〝印刷屋〟になっている可能性もあります。全員が〝印刷会社〟になってしまって、各自、書類を印刷していることもあるのです。

そういうときには、「これは本当に要るのか」と考えてほしいと思います。

「嫌《きら》われる勇気」の本当の意味

ちなみに、ここ三年ほどで、アドラーの心理学に関する『嫌《きら》われる勇気』という本が百五十万部を超《こ》えるベストセラーになったこともあり、今年（二〇一七年）になって、この本を原作としたドラマも始まりました（フジテレビ系「嫌われる勇気」）。

その原作本は、アドラーの心理学について、日本人が対話風に書いたものです。ただ、その本を読むと、私の本一冊分の五分の一ぐらいの量しか教えに当たるものはないように思います。

そして、筋書《すじが》きのない本ではあるので、それをドラマにするために、脚本家《きゃくほんか》が事件をつくり出して、「警視庁捜査《そうさ》一課を舞台《ぶたい》に、嫌われながらも、自分流のやり方を貫《つらぬ》く女刑事《デカ》」を描《えが》いていました。

アルフレッド・アドラー（1870 ～ 1937）
個人心理学の創始者、精神科医。人間の行動をトラウマによる「原因論」で捉えたフロイトに対し、自由意志を重視した「目的論」を提唱。劣等感の克服には「勇気」と「共同体感覚」が必要だとした。

別に、このドラマを観《み》ることを勧《すす》めているわけではありません。おそらく、アドラーの心理学を「嫌われる勇気」という言葉で捉《とら》えたことで、ヒットさせただけでしょう。

このドラマを観ていると、「これでは、ただ嫌われるだけではないだろうか」と思われる場面がありました。しかし、嫌われるだけであれば、組織のなかで生きていけなくなるし、お互《たが》いに不愉快《ふゆかい》で仕事が進まなくなってしまいます。やはり、そういうことではないと思うのです。

実は、通常の心理学というのは、「病人の心理学」なのです。病人を集めて何がおかしいかを調べたりしているので、健全な人には通用しないものが多いのです。例えば、フロイトの心理学などがそうでしょう。

それに比べて、アドラーは優秀《ゆうしゅう》な人や成功した人を対象にして、「成功の心理学」をつかみ出そうと努力した人です。しかし、心理学者の限界があって、経営者になれない人が、経営者を見て判断しようとしても分からないので、やはり、はっきりと限界があるのです。

ですから、「嫌われる勇気」とは言っても、実際に、嫌われたくてやっているわけではありません。「経営者をはじめ、成功者たちには、独創性や信念、あるいは、先見性がある」ということなのだと思います。それを心理学者的に判断すると、周りに嫌われながらもやっているようにしか見えないのでしょう。

あるいは、「嫌われる勇気」というような言い方をすると、みな、何となくうれしくなるのかもしれません。「自分は嫌われていると思っていたけれども、嫌われる勇気が大事なのだ」と思うと、何かハッピーになったような気になって、騙《だま》されているのでしょう。

しかし本当は、そういうことではありません。その時点で周りの人が理解できないだけで、その人にとっては「勝《か》ち筋《すじ》が見えている」わけです。見えた勝ち筋をやり抜《ぬ》いているだけなのに、それを心理学者が捉えると、「嫌われる勇気」というふうになるのだと思います。

「勝ち筋《すじ》」を読み、勇気を持って断行する

この言葉については、例えば、ドナルド・トランプ大統領を見れば、よく分かるでしょう。何も分かっていないマスコミからすれば、「嫌われる勇気そのもので生きている人だ。本当に、嫌われるようなことばかりしている。嫌われることをして人気を取っているのだな」としか見えないだろうと思うのです。

ところが、多少なりとも経営の経験がある人から見れば、そうはなりません。「この人は、こうしたほうが結果がよくなると思ってやっているのだな」ということが見えます。また、「それについて、信念を持ち、先見性や独創性があるのだ」ということが分かるわけです。

それだけのことではありますが、捉え方一つで感じが違うこともあるわけです。

私は、みなさんに「嫌われる勇気を持て」とは言いませんけれども、やはり、他人《ひと》からは理解できない部分はありますし、「全員が理解できる」という人の場合は、

〝凡庸《ぼんよう》なこと〟が多いのです。

例えば、今だと冬でもアイスクリームを売っています。サーティワンアイスクリームなどでは、冬でもアイスクリームを売っているわけですが、昔であれば、冬にはアイスクリームが売れないのが常識でした。

私が子供のころには、冬にアイスクリームなど売れなかったのです。夏であれば、アイスクリームや氷が売れるけれども、冬に売れるのは、焼き芋《いも》でしょう。そのため、アイスクリーム屋は、冬になると商品を焼き芋に切り替《か》えるのが当たり前でした。同じ軽トラックに乗りながら、冬は煙突《えんとつ》を立てて石焼き芋を売るけれども、夏はそれがアイスクリームに変わるわけです。

もちろん、今は、コンビニに行くと、夏であろうが冬であろうが、何でも売っています。夏であっても焼き芋を売っているし、冬であってもアイスクリームを売っているわけです。要するに、いつでも売っているということでしょう。

ところが、昔はそういうことを言い出せば、「嫌われる勇気」のように見えたかもしれません。それは、「何を言っているんだ。バカじゃないのか」と周りが反対するようなことだと思います。しかし、そうするのは、ニーズがあることを分かっているからなのです。実際に、冷暖房《れいだんぼう》が完備した場合、昔のような自然条件のままのときとは売れ筋《すじ》のものが違ってくるでしょう。それが分かるというだけのことです。

そういう意味で、「勝ち筋を読むこと」が大事です。また、それがほかの人に理解できなくても、ある程度、勇気を持って断行することも大事なことなのです。

やはり、勇気がないと、「周りから苦情が出ないように。批判が出ないように」と、必ず、「事なかれ主義」になっていきます。これが、全体的に付加価値を生まない仕事になっていくわけです。

4 「役所仕事」と「成果を生む仕事」はここが違《ちが》う

HSUが成果を出している理由とは

ちなみに、ここ数日、文科省の天下《あまくだ》りの問題がニュースで取り上げられていました（注。二〇一七年一月二十日、内閣府の再就職等監視《かんし》委員会は、文部科学省が早稲《わ》田《せ》大《だ》学に元幹部の天下りを斡旋《あっせん》したことは、国家公務員法に違反《いはん》すると認定し、組織的な斡旋があったことを明らかにした）。

問題の出ている、六十一から六十二歳《さい》ぐらいの文科省の役人たちは、幸福の科学大学を建てようとしたときに、「これを大学として認めない」と言って頑張《がんば》り、一《いっ》生懸命《しょうけんめい》に逆のことを言って〝書類をつくって〟いた人たちです。

私が当時、考えていたことは、文科省が持っている三千億円ぐらいの補助金枠《わく》に関してでした。それは、「これをどうばら撒《ま》くか」で、彼らに権力が発生していたからです。また、「私立大学に言うことをきかせるために補助金を撒きながら、自分たちが天下る先をつくろうとしている」ことも分かっていました。

しかし、「天下りができるようにするにはどうしたらいいか」と考えれば、「どこも似たような学校をつくる」ということになります。どこも似たような学校にして、経営が赤字になるように導き、足りない部分を補助金で補《おぎな》うようにすれば、権力が発生して、役人の言うことをきくようになり、天下り先として受け入れられるようになるわけです。

例えば、文科省の局長が六十歳で早稲田大学に天下り、七十歳までいたとしましょう。その場合、年間一千万円以上の給料が出るとすれば、十年で一億円以上になります。要するに、早稲田大学に補助金として入れたお金は、十年間で自分の給料として戻《もど》ってくるというわけです。

こうしたことを考えている彼らの仕事論とは、「撒いた補助金を自分の懐《ふところ》に回収する」ということなのかもしれません。

ただ、それはよく分かっていたことではありました。なぜなら、彼らは、こちらに対して、学校経営が赤字になる方向での意見や、どこも特徴《とくちょう》のない、同じような学校になることばかりを言ってきたからです。ですから、「自分たちが天下れるような学校にしないと補助金を出さないぞ」というのが、認可のポイントなのだろうと理解していました。どうやら、結果的には、そういうことのようではあります。

しかし、HSU（ハッピー・サイエンス・ユニバーシティ）は、彼らの意図《いと》に反して、「非常に成果のあがる学校」になってきました。すでに幸福の科学学園で成功したようなことが、今、HSUのほうでも現実化しつつあるのです。

HSU（ハッピー・サイエンス・ユニバーシティ）
2015年4月開学の「日本発の本格私学」（創立者・大川隆法）。人間幸福学部、経営成功学部、未来産業学部、未来創造学部の4学部からなる（4年課程）。2017年4月から、未来創造学部の東京キャンパスも開設する。

文科省にしてみれば残念でしょうが、文科省から補助金をもらっている学校よりも、「補助金をもらわないことを前提にしてやっている学校」のほうが成功しているわけです。なぜなら、優《すぐ》れたものをつくらないと、学生が来なくなり、生き残れなくなるからです。やはり、優れていなくてはいけません。

もし、他の私立大学が、（運営費用に対して）一割の補助金をもらっているのであれば、HSUは、この一割分以上にものがよくないと、学生が集まらないでしょう。その分、頑張らざるをえないわけで、先生も運営側も在校生も、PRになるような結果を残すために努力しています。

例えば、英語にしても、●TOEIC《トーイック》などの点数が上がるように教材等をつくったつもりであるとはいえ、点数が上がっている現実には目を見張るばかりです。実際のところ、東京大学には、あれだけ上げられる力はありません。はっきり言って、その可能性はゼロであり、まったくないと思います。実は、外語大学でもそういった力はないことが分かっています。

● TOEICなどの……　HSUでは、国際舞台で活躍できる人材を目指して、全学部において卒業時までにTOEIC730点以上、人間幸福学部の国際コースでは900点以上を目標としている。

ところが、ＨＳＵでは、みな、あっという間に上がってきますし、何百点も上がってくるのを見ると、「すごい」としか言いようがありません。もちろん、怠《なま》けている人の点数が上がっているとは思いませんが、真面目《まじめ》にやっている人の場合は、どんどん上がってきているのです。

要するに、「今、崖《がけ》っぷちなので、奮起《ふんき》しなくては生き残れない」と思うと、意外に成果はあがってくるものなのでしょう。

また、それなりの成果があがっていくことで、いずれは認められるようになってくるとは思っています。

「ほかの人が、何が必要なのか」を考えて、気を利《き》かせる

やはり、基本的には、自分たちのなかだけで成果のない仕事をやっていて、暇《ひま》を潰《つぶ》したり、お金も潰したりしているようなことでは駄目《だめ》です。「外から見ても成果が分かる」ような、あるいは、「外に対して成果が出てくる」ような、そういう仕

事をしなくてはいけません。

その意味で、仕事ができるようになるには、自分に対して正直であるのは当然として、ほかの人に対しても正直でなくてはいけないでしょう。〝ガラス張り〟で見て、「その人が入ることによって、以前よりも何かが進んだり、よくなったりしている」というようにならなければいけないわけです。

確かに、途中《とちゅう》では、誤解されたり、反対されたりするかもしれません。しかし、「事なかれ」ということではなく、「前進しなければ存続《そんぞく》はできない」という気分でやらないと、今の世の中では何一つ前に進むことはないのです。

もちろん、社長や経営陣《じん》などが期待している以上のものが出来上がってくる組織であれば、さらによいでしょう。例えば、「社長は口にはしていないけれども、たぶん、こういうふうにしてほしいのだろう」と自分たちで判断し、〝自動的に〟組み立てて、仕上げてくるような仕事です。

ちなみに、今朝《けさ》、私が、「仕事ができるとはどういうことなのか」という説法《せっぽう》テーマを宗務《しゅうむ》本部にメモで出したところ、朝食を摂《と》って部屋に戻ってきたときには、二〇一三年に説法して内部出版した『どうすれば仕事ができるようになるか』（宗教法人幸福の科学刊）という本が用意されていました。要するに、少しだけ違うけれども、似たような題の本が置いてあったわけです。

これは、宗務本部の仕事ではありますが、私からは何も指示はしていません。ただ、似たような題で説法した本を置いてくれていたので、私は出発に当たって着替《きが》える前に、それをパラパラッと見て、「ああ、こういうことを言ったのか」と確認できました。

これなどは、「水のごとく仕事をしている」と言えば、そのとおりなのかもしれません。宗務本部には、「水のごとく、空気のごとく動く」という特徴があり、指示も命令も出ないのに、仕事がスーッと動いていきます。

同時並行で仕事を進める方法や、組織力の高め方などを示したＱ＆Ａ集。『どうすれば仕事ができるようになるか』（宗教法人幸福の科学刊）

今回のことにしても、私がまったく同じ話をしないようにという配慮《はいりょ》で置いてくれたのでしょう。それについては一言《ひとこと》も説明はありませんが、そういう意図だろうと思います。つまり、内部出版ものの百数十ページの本であれば、私が五分以内で読めることが分かっているわけです。自分で赤線を引いた本をパラパラッと見たとしても、私は五分もかからないので、「出発までに読み終わるだろう」ということなのでしょう。

宗務本部のなかでは、何も言わなくてもこのように動いていくのですが、ほかの部署が同じようになっているかどうかは知りません。

ただ、よく言われるように、「ほかの人が、何が必要なのか」ということを考えて仕事をするのが大切です。

また、何か指示したあと、「あれはどうなったのかな」と心配しているころに、その返事が返ってこないというのもいけません。やはり、必要なときに、必要な連《れん》絡《らく》や報告ができるようでなくてはいけないのです。あるいは、必要な相談は上がってこなくてはいけないでしょう。このあたりが、阿吽《あうん》の呼吸でピピッと行かないと、ぎくしゃくしてきます。そして、形ばかりつくると大仰《おおぎょう》なものになって、成果があがらないわけです。

とにかく、仕事は手早くやってください。また、基本的に気が利《き》かない人は駄目です。気を利かせてください。すべて言葉にしたり、書いたりして伝えないと分からないようではいけません。書いたものと言葉以外は全然、役に立たないというのは駄目なので、気を利かせてください。あるいは、考えてください。「こういうものが要《い》るはずだろう」と考えてほしいのです。

ただ、考えて気を利かせたつもりでも、それが無駄な仕事だったり、要らない仕事だったりした場合、それは、よくない仕事でしょう。そうではなく、「ちょうど必要な仕事」であれば、それは正しい仕事なのです。

ともかく、仕事は「手早く」やって、そして、「気を利かせて」ください。

「お客様が言ってきそうな苦情」をキャッチして対応する

また、「嫌《きら》われる勇気」ということもあるので、「嫌われてはいけない」とは言わないまでも、できれば、お客様を逃《のが》さないような仕事をしてください。お客様が逃《に》げていくような仕事は、なるべくしないでほしいと思います。

やはり、どんなお店でも、客が来なければ絶対に潰れます。これだけは確実なことです。今いくら有名であっても、今までいくら客が来ていても、今までいくら儲《もう》かっていたとしても、客が来なくなったらそれで潰れます。それは、どこでも同じであり、確実にそうなるのです。

もし、「お客様に嫌われよう」と思ったら、どんな店でも簡単に嫌われるでしょう。「今日から、みんなで嫌われよう！」などと言って頑張ったら、絶対に潰せます。要するに、絶対に客が来たくなくなるようなことをすればいいわけです。

しかし、そういうことは現実に起きているのかもしれません。それは、幸福の科学であっても同じです。

例えば、幸福の科学学園生やＨＳＵ生が正月などに自宅に里帰りして、また学校に戻ってくると、私の子供を通して、支部や精舎《しょうじゃ》についてのいろいろな話が伝わってきます。要するに、私の子供も同じ学校に行っているので、里帰りした学生たちに、その親あたりが教団に対する苦情をこぼすと、それが子供経由で私のところに入ってくるわけです。「そんなことが言われているんだ」というようなことが分かります。

もちろん、具体的な支部や精舎について、どうなっているかまでは分かりません。ただ、親御《おやご》さんが家で〝自分の子供にこぼしている〟内容が入ってきて、「実際は苦情があっても、支部や精舎には言えないでいるんだろうな」ということが分かるわけです。

ちなみに、ドラッカーは経営についていろいろなことを言っていますが、抽象概念《ちゅうしょうがいねん》を使っているため、読んでも分からないことが多いかもしれません。特に、若い人の場合は、そういうことは多いでしょう。

ただ、分かりにくいけれども大事なものの一つとして、マーケティングに関する言葉があります。彼は、「マーケティングとは販売《はんばい》ではない。むしろ販売をなくすことだ」というようなことを言っているのです。

確かに、これは意味不明で分からないと思います。普通《ふつう》は、「マーケティングって販売することじゃないの? 売ることでしょ?」などと思っているのではないでしょうか。もちろん、ある意味では、そういう面もあるので、ドラッカーが極端《きょくたん》なことを言いすぎているところもあると思います。

要するに、抽象的な言い方をすれば、「マーケティングとは、むしろ販売をなくすこと」なのですが、言い換《か》えれば、「消費者団体が言うようなことをつかむのがマーケティングなんだ」と言っているわけです。消費者団体というのは、お客様の連合体のようなものでしょう。そこが「ああしろ」「こうしろ」と、苦情として言ってくるようなことをキャッチして、それに対応していくのがマーケティングであり、そうすると「自然に売れるようになる」わけです。

そういう意味で、「販売をなくすことだ」というのは極端すぎる言い方ではあるかもしれません。

ただ、物を売ろうとしてもなかなか売れない場合、もっと売るために、「情熱を持て」とか、「長い時間働け」とか、「訪問回数を増やせ」とかいうのが「販売」のほうでしょう。

それに対して、「マーケティング」のほうは、「『お客様が消費者団体を通じて苦情を言ってくるとしたら、何を言ってくるか』をつかみ、それに対応すれば、自然にお客様が来るようになる」ということです。ドラッカーは、そういうことを知るのが大事だと言っているわけです。

したがって、そういった感性を磨《みが》いてください。苦情を聞いたときに、外側にいる人を〝黙《だま》らせる〟のが仕事ではないのです。このあたりが、公務員的な仕事との違いではないでしょうか。

公務員であれば、苦情を言う住民を黙らせるのも、仕事のうちかもしれません。あるいは、学校の先生であっても、生徒がギャーギャー文句《もんく》を言うのを黙らせて、とにかく苦情を言わせないようにするのも仕事なのだとは思います。

ただし、その対応の結果は、学校間の競争として表れてくるでしょう。もちろん、市町村でも、住みやすいところと、そうでないところとで分かれてくるはずなので、最終的には決着がつくものです。

自分を「一人店主」だと思って、仕事に対する責任を持つ

最後に、これまで述べてきたことをまとめてみましょう。

「個人個人にいろいろな受け持ちがあるにしても、自分一人で商店を営業しているとして、自分がやるであろうと思うことをやってください。

そうではなく、『自分はどこかの歯車の一部であり、その通過点なので、上流と下流にうまくつながりさえすればいい』と思っているとしたら、それは「仕事では

ない」のです。

自分を、『一人店主』だと思って、営業責任や販売責任など、仕事に対する責任を持つように努力してください。

また、仕事は手際《てぎわ》よくなくてはいけません。

そして、気を利《き》かせてください。

さらに、時間にだらしない人は基本的に駄目です」

そういうことを知ってほしいと思います。

以上、簡単ではありますが、「仕事ができるとはどういうことなのか」というテーマで話をしました。参考になれば幸いです。

POINT

□仕事は、具体的に目に見えるかたちでやってのけることが大事。目標に合わせて〝数字づくり〟に励むことは無駄仕事。

□自分を個人営業の店主だと思って、「それは仕事として成り立っているのか」「自分にできることは何か」ということを考えてみる。

□今来ているお客様に引き続き来てもらえるように工夫しながら、新しい層を増やしていくことが、発展するかどうかを決める。

□「嫌われる勇気」は、実は、成功者が持つ「独創性」や「先見性」のこと。「勝ち筋」を読んだなら、勇気を持って断行することも大事。

□仕事は手早くやり、気を利かせること。「水のごとく、空気のごとく動く」ことが大事。

□お客様の苦情をつかみ、それに対応すれば、自然にお客様が来るようになる。

第2章　できる社員の条件

二〇一四年一月二十二日　説法《せっぽう》
東京都・幸福の科学総合本部にて

本章は質疑応答形式で説かれた説法である。

Q1　「できる社員」「できない社員」を見分けるポイントとは

Q　私は、現在、人事局で採用担当をしています。毎日、面談などを通して、いろいろな人のお話を伺《うかが》っていますが、そのなかには、いろいろな特技を持った方がいますし、働き方のスタイルも、「常勤」、「非常勤」などさまざまです。

そこで、面接のときに、「できる社員になるか。できない社員になるか」の見分け方、あるいは、人物を見抜《みぬ》くときのポイントがありましたら、お教えください。

東京大学の大学院生増加に見る、就職を先延ばしにする傾向《けいこう》

大川隆法　日本では、数年前からアベノミクスが始まり、好景気を目指してはいま

す。

ただ、多少、改善されたとはいえ、今年（二〇一四年）一月の時点では、まだ大卒の就職内定率が七十パーセント台後半、高卒のそれも七十パーセント台ということで、二、三割はまだ就職できない方がいるようです。

先日、私はある霊言集《れいげんしゅう》の校正をしていたのですが、東大の学生数について、編集部のほうが調べてきた数字を見て、一瞬《いっしゅん》、目を疑いました。「学部の学生の数と大学院生の数が同じ」なので、「そんなバカな」と思ったわけです。

「私のころは、学部生は四学年合わせて約一万五千人、大学院生はせいぜい五千人程度だっただろう。そんなにいたかな」と思ったのですが、今は、学部生が約一万四千人、大学院生も約一万四千人と、同じぐらいいるのです。

それを見て、「本当に勉強したくて大学院に行っているのだろうか。そのなかには、就職できなくて行っている人も、かなりいるのではないか」という感じもしたのです。

他の大学について聞いても、「就職の内定が取れなかったために大学院へ進んだ」とか、「教員免許《めんきょ》が取れなかったので大学院へ進んだ」とかいうことが、けっこう多いようなので、少し驚《おどろ》きではありません。

長女（大川咲也加《さやか》）にも訊《き》くと、「お茶の水女子大学にも、内定が取れなかったので、大学院を勧《すす》められて行った人がいる」と言っていました。

これは、一種のモラトリアムであり、要するに「就職の先延ばし」でしょう。

大学院に行くことで、専門知識としては深くなるものもあるのでしょうが、採用の条件として見ると非常に特殊《とくしゅ》化してくるので、就職が難しくなることもあります。

そのため、三十歳《さい》近くまで卒業を引き延ばしたが、結局、親のお世話になるかたちで、フリーターに近い仕事をしているような方や、あるいは仕事をしていない方もいるのではないでしょうか。

「賃金上げ」と「増税」に関する安倍《あべ》首相の読みとは

今の安倍《あべ》首相の考え方としては、「社員の給料を上げてください」ということで、政府のほうからそう言っていますが、これはまことに珍《めずら》しいことです。

政府が賃金上げを決められる国家となれば、〝すごい〟でしょう。日本全体が「親方日の丸」で、社会主義国家になったかのようです。安倍首相は、企業《きぎょう》に対し、「賃金上げをしてください」と言っているのですが、これでは、全員が国家公務員のような感じです。

また、安倍首相は、消費税を五パーセントから八パーセント、十パーセントと順番に上げていこうとしていますが、「消費税分を内税にしないで外側に出してくれ」とも言っています。これは、会社側が、お客様のほうに転嫁《てんか》しないようにするため、消費税分を定価のなかに入れて金額は変えずに、自分たちのほうでコスト削減《さくげん》に入るのを防ぐためでしょう。

その二つを言っているのですが、「そうすると売上も増え、景気もよくなっていく。賃金が上がると使えるお金が増えるから、消費税が上がっても、税収は増えつつ好景気が来る」という読みだと思うのです。

しかし、「実際にそうなるかどうか」については、これから〝文明実験〟をするので、見てみないと分かりません。そういうこともあるかもしれないため分からないのですが、これでうまくいくのならば、どこの国もまねするだろうとは思います。あるいは、ほかに何か隠《かく》された条件が加わらなければうまくいかないのかもしれないし、難しいところです。

会社は、「賃金上げの圧力」にどう対応するのか

ただ、やはり、幾《いく》つか疑問があります。率直《そっちょく》な疑問というか、働いたことがある人間なら感じる疑問になりますが、まずは、「上からの圧力で、『社員の給料を上げてください』と言われたときに、会社がどういう対応を取るか」ということです。

本当に好景気が来ていて、会社の調子がよく、売上が上がり、利益が上がっていて、給与《きゅうよ》を上げられるにもかかわらず、会社が内部留保に励《はげ》み、なかだけでお金を貯《た》め込《こ》んで社員に払《はら》っていない場合であれば、「もっと給料を出しなさい」というのは正しい意見でしょう。やはり、もう少し出してあげたほうが、人々が使えるお金も増え、消費も増えて、好循環《こうじゅんかん》になると思います。

ところが、そういう状況《じょうきょう》が来ているわけではないのに、「給料を上げろ」という命令だけが来た場合はどうなるでしょうか。それを想定してみます。

まず、「給料を上げろ」と言われた以上、会社側は、平均賃金が上がったように見せなければいけません。政府のどこかの役所に報告しなければいけないのでしょうから、統計上は、「社員の給与が何歳平均では幾らになりました」というふうに上げなければいけないはずです。

そこで、「給料を上げたように見せるためには、どうするか」ということになります。

ただ、仕事ができる人の給料を上げる分には、別に構わないでしょうが、どこの会社でも、一定の数は仕事ができない人を抱《かか》えているわけです。昔から、〝社内失業者〟という人たちがいますし、社内失業者でなくても、平均よりも仕事ができない人や平均ぐらいの人がたくさんいるのです。

また、どこでも、「できる」と言われる人は、だいたい二割程度でしょう。「二割ぐらいの社員が八割ぐらいの利益を稼《かせ》ぎ出している」というのが法則であって、この「八割・二割の法則」「パレートの法則」は、誤差が少しはあるものの、だいたい似たような感じで当たってきます。「だいたい二割ぐらいの人が牽引車《けんいんしゃ》になっていて、八割ぐらいの部分を支えている」というかたちになるのです。

したがって、その二割の人の分の給料を上げるのであれば問題ありませんが、残りの八割の人も一緒《いっしょ》に上げるとなると、それは「コストが上がる」ことを意味します。物をつくっているところならば製造コストが上がることになりますし、流通業でもサービスコストが上がっていくわけです。

要するに、お客様に提供する物の値段に（価格）転嫁するというほうに行こうとするのです。

消費税が上がると起きる「買い控《びか》え」の仕組み

いちばん簡単な方程式としては、「売上＝単価×数量」となります。つまり、「単価〇円のものが、幾つ売れたか」で、売上の計算が立つわけです。

例えば、缶《かん》コーヒーの単価が百円の場合、消費税が五パーセントであれば、百五円になり、単価が五円上がります。

話を単純化するために、「百円の缶コーヒーが十本売れていた」としましょう。百円のものが十本売れていたのですから、売上は千円になります。

これが、消費税が五パーセント分増えても、十本売れていれば千五十円で、売上が五十円上がり、五パーセント増ということになります。

ところが、十本売れていたものが、「百五円になったせいで一本売れなくなった」

のであれば、百五円×九本で、売上は九百四十五円になります。要するに、もとの売上の千円よりも減るわけです。

同じことは、消費税が八パーセント、十パーセントになっても起こるでしょう。消費税が十パーセントに上がれば、百円の缶コーヒーが百十円になります。それで以前と同じ数量が売れるのであれば、売上高は十パーセント上がるので、基本的には、給料を上げられる可能性が出るわけです。

しかし、これで売れる数量が減った場合、どうなるでしょうか。

百円のコーヒーであれば、自動販売機《はんばいき》に百円玉を入れたらすぐに買えましたが、「百円を入れ、さらに十円を入れなければ買えない」ということになって、「ああ、百十円か。では、やめておこう」という人が出てきた場合、今度は売上が減ることもありえるのです。

ただ、これは実際にやってみないと分からないのでしょう。

値段を上げると売れ始める商品とは

ともかく、「内容が全然変わらず、税金の分だけ外税で乗せて定価を上げる」という場合、同じ数量が売れていれば売上は上がりますし、定価を上げると、さらに数量が売れるのであれば、それはもっともっと儲《もう》かるよい商売です。

確かに、定価を上げたほうが売れる場合もあって、これが成り立つのは高額商品でしょう。「値段が高くないと値打ちがない」と思われている商品に関しては当たっているのです。

例えば、化粧品《けしょうひん》などは、「安売りすれば、よく売れるようになるか」というと、そうとは言えません。みな、「美しくなりたい」という願望を持って化粧品を買っているため、半額セールなどの値下げをしたところで、化粧品が売れるとは限らないのです。

一方、洋服などであれば、春になる前に、在庫一掃《いっそう》のため、冬物を半額セールなどにしますが、それは、「使える期間が短いから安くなった」と分かっており、合理性があるため、みな買うのでしょう。しかし、化粧品となると、ただ値引きしてきた場合、「もしかして、〝美しくなる率〟が減るのではないか」、「醜《みにく》くなるのではないか」、あるいは「斑点《はんてん》が出るのではないか」など、いろいろ考えるので、安いからといって買うわけではないのです。

逆に、値段を高く上げただけでも、「成分がどのように変わったために高くなったのか」「どのように効能が変わってよくなったのか」といった内容については、実は分かりません。そのため、二倍、三倍に値段が上がったとしても、ある価格帯になると売れ始めたりするため、トータルで売上が増えることもあるのです。

例えば、「ダイヤの指輪が五千円で買えます」といっても、「このダイヤはガラスではないか」と思われてしまうでしょう。やはり、安いからといって売れるわけではありません。

逆に、二十万円のダイヤの指輪が四十万円になっても、「品質がよくなったのだ」

と言えば、「そうなのか。二十万円より四十万円のほうがよいダイヤなんだろうな」などと思われて、もし所得層がちょうど合っていれば、倍の値段でも売れる場合があるわけです。

そのように、高級嗜好品《しこうひん》や高額嗜好品であれば、値段を上げても売れ出し始める場合もあるので、全部が同じではないのです。

ただ、均《なら》して考えますと、普通《ふつう》は「消費税分」を「内部のコスト」に転嫁すると、会社は、社員の給料を下げたり、あるいは、下請《したう》け会社の仕入れのほうを抑《おさ》えたりしてきます。

それを、内部に転嫁しないように「消費税分」を外に出し、〝上に乗せる〟というかたちになれば、「買い控《びか》えが始まるか」、それとも、「売上が全体に上がっていくか」ということになるのでしょう。これが疑問点として一つあるわけです。

このあたりは、政府が思っているようになるかどうかは、やってみないと分かりません。〝占《うらな》い〟によれば、不況が来るのか、好況が来るのか決まるのかもしれませんが、「統計」というものはあとから来るものなので、実際には、やってみないと分からないわけです。

こういう問題が一つあります。

政府の考えとは反対方向になる会社の対策

また、一般《いっぱん》に社会で働いている人が考えることとしては、次のような問題があります。

先ほど述べたように、賃金を上げる場合、社員のうち二割が優秀《ゆうしゅう》なのは、だいたい間違いないので、これは上げても構わないかもしれません。

ただ、二割の人の給料を上げたら、平均から下の人の給料を削《けず》り始めるのが普通です。あるいは、ボーナスの部分で調整し始めるのが普通でしょう。

さらに、度を超《こ》せば、今度はいわゆる「削減」が始まります。

今日（二〇一四年一月二十二日）の新聞を読んでも、「ある電子部品メーカーが、韓国《かんこく》サムスンの子会社の電子機器会社との競争などが苦しいため、五千数百人以上、人員削減する」というような話が出ていましたけれども、そうするには、まず、働きの悪い人、平凡《へいぼん》な人、それから、余剰《よじょう》のために置いている人を削り始めるでしょう。

同じように、例えば、「給料を二割上げろ」という場合でも、三割ぐらい人を削っておけば、会社としては、まずコスト高にはなりません。七割の人に、「もう少し頑張《がんば》って働いてください」と言えば、調整ができるのです。

そうすれば、政府に対し、「賃金は上がりました」と報告することはできます。

ところが、政府は次に、正規採用の社員と、非正規採用の社員、あるいはテンポラリー（臨時）の、季節要員としてときどき雇《やと》ったりするような人の比率あたりのところに、必ず統計的に着目してきて、「全部を正規にしなさい」などと言い始めるでしょう。

そうなると、残念ながら今度は、そういう非正規社員、アルバイト社員等のほうが削られ始めます。政府としては、そちらのほうを正規社員にして給料を上げさせようとするわけですが、「全部を正規にしろ」と言ったら、契約《けいやく》社員などのほうが切られ始めてくるのです。

このように、政府の考えと反対のほうに動き始めます。

要するに、会社側はだいたい、こういうような動きをするのですが、これが、ハイエクなどが言う、「社会主義的な計画経済は、必ず失敗する」ということです。そういう意味で、「一部分が全体を決めるようなことは成功しない。基本的に、自由主義を目指さなければ駄目《だめ》だ」という考えは、ここから出ているわけです。

今、中国が疑われているのは、大発展しているように見えながらも、「計画経済」でやっているからです。中国は、日本で言えば、予算を使って行う公共工事型のものを、たくさん行《おこな》っています。

そうしたら、仕事は増えるので、景気もよくなるようには見えますが、「もし、それが実体のないものであれば、その後、どうなるか」というところについては、これから疑問が出てくるでしょう。これも、やがて分かることだと思います。

「経済の主体は個人」という考え方に戻《もど》れ

ともあれ、国のほうとしては、「よくしよう」と思って、いろいろと考えているのでしょうし、「そうできる」と思いがちではあるわけです。また、そうした全体的な枠組《わくぐ》みなどを変えればうまくいくという場合も、あることはあります。

例えば、仕事の形態として、九割が農民だというような農業国家から、工業国家に変わったり、商業国家に変わったりしていけば、仕組みを変えていくことによって収入が変わっていくということも、もちろんあるので、私も完全に無駄だとは思いません。

しかし、そういうことだけで、「景気がよくなり、収入が増えて、消費が増えて……」というようなことになるとは、必ずしも思わないのです。

やはり、原点は「個人」のほうに帰っていくべきではないでしょうか。

そのための防衛策として、二〇一四年には、『忍耐《にんたい》の法』や『忍耐の時代の経営戦略』（共に幸福の科学出版刊）を発刊しました。

もちろん、政府がやってくれていることがピタッと当たり、そのとおりにうまく好循環が巡《めぐ》っていけば、それに越《こ》したことはないですし、それを否定する気もありません。そうなってほしいとは思うのですが、やはり、「経済の主体は、あくまでも個人にある」というところに戻《もど》るべきでしょう。「経済の主体である個人がどう力量を発揮するか」が大事だということです。

どちらかといえば、国民全体が、給料が上がるような働き方を工夫《くふう》し、志すことで、給料は上がっていくのではないかと思いますし、こちらのほうが、「正しい筋《すじ》」なのではないかと考えています。

「マクロの目での見方」だけでは経営はできない

話がいろいろと飛んで申し訳ないのですが、昨日《きのう》、車で走っていると、あちこちに政党ポスターがいろいろと貼《は》られていて、共産党のものには「ブラック企業反対」とか「退場」などと書かれていました。

こうしたものも、基本的には弱者に優《やさ》しい考えではあり、「長い労働をさせたり、賃金を低く抑えたりするような企業はブラック企業だ」ということで言っているわけですけれども、これが本当に救いになるかどうかには疑問があります。

例えば、コンビニ系の小さなお店のようなところでも、安売りするなどして頑張り、雇用《こよう》を生んでいるわけですが、「長時間働いて賃金が安い」ということもあると思います。これら全部を「ブラック企業」とする一方で、働かなくても高い給料をくれるところを「ホワイト企業」というように考えると、「ホワイト企業ばかりになったら、よい世界ができる」などと思いがちです。

しかし、これは、共産主義的ユートピアの間違いの一つであり、その「ホワイト企業」をたくさんつくったとしても、次々と倒産《とうさん》し始めたら、〝ブラックの嵐《あらし》〟はもっと厳しくなるわけです。

経営が苦しくなると、一人当たりの仕事量が増えたりするかもしれません。あるいは、「サービス残業」と言うべきかどうかは知りませんが、労働時間が延びたりすることもあるかもしれません。ただ、これは同業他社との対抗上《たいこう》、当然、出てくることでしょう。

もし、同じ能力であれば、よそが八時間働いているところを十時間働けば、そのほうが競争には勝てます。もちろん、能力的に上であれば、同じ八時間でも別に勝てるとは思います。

また、中小企業のなかで本当に潰《つぶ》れそうなところなどは、週休二日であったとしても、やはり、土曜日を半ドン（半日勤務）に戻さなければいけなくなる場合も出てくるはずです。

これは、学校でも起きたことです。

企業がすべて週休二日になったので、学校も土日休みにしたら、何のことはありませんでした。それで「ゆとり教育」が進むと思ったのかもしれませんが、残念ながら、生徒にとっては、土曜日にも塾《じゅく》の時間が入り、受けるコマ数が増えただけでした。

つまり、お金を払って塾に行かなければならなくなったので、別に楽になったわけでもありません。「ゆとり」どころか、塾のほうで引き受ける時間が増えただけです。

また、塾のほうも、それまでは難しいことだけを教えていればよかったのが、学校で教える内容が減った分、そういう生徒を引き受けた塾は基礎力《きそりょく》を上げるための時間を取らなければいけなくなりました。

いくら、学校を無償《むしょう》にしてくれても、その分の費用が塾のほうに出ていっているわけです。結局は「塾の費用を出すために学校のほうをタダにしている」という感じになるような、何だかおかしな循環になっていきました。

このように、実際には、人が理想だと思うことの反対のほうに動いていくことが多いので、よくよく気をつけなければいけません。

やはり、「マクロの目での見方」や「統計的な処理だけでものを見る見方」で経営ができると思うのは、まだ甘《あま》いと私は考えますので、「個人」に戻るべきだと思います。

ほぼ「書類上の条件」と「外見」で決められている人事採用

さて、人材面接に当たっては、やはり、「個人の資質をどう見分けるか」というところが一つのポイントになります。

どの会社を見ても、人事担当者というのは、だいたい、仕事ができない人をたくさん採用するものです。基本的には、仕事ができない人をたくさん採用するので、結果的に、「当たり」は二割ぐらいしかいません。だいたい八割ぐらいは「外れ」であると見たほうがよいでしょう。

その時点までの学歴と、学校の成績、持っている資格などを見て判断するわけであって、「この人が十年後にどうなっているか、二十年後にはどうなっているか」というところまで予測できるような人はいませんし、「自分にはそういう能力がないから分からない」というのも普通のことです。

そのようなわけで、お見合いではありませんが、「書類上に出ている、その人の条件を見て値踏《ねぶ》みをする」というのと、「外見を見て、その見栄《みば》えで決める」というのが、人事の採用においてはいちばんイージーな方法と言えます。

そのため、担当者の揃《そろ》えた書類は、直接会っていない上層部の人が見たときに、「ああ、いい人材を揃えたのかな」と思うものになるようにします。つまり、「資格を持っている」「きちんと学校を出ている」といったものですが、そういうところを見て採るわけです。

なぜなら、「これといった資格もないし、学校も出ていないけれども、能力はある」という場合には、上を説得するのに理由が要《い》るからです。その理由を考えるのが面倒《めんどう》くさいですし、その理由を書面にして説得するのがまた面倒くさいのですが、上の人が全員を面接するわけにもいきません。そこで、そういう外観上のものを客観的にチェックしようとするわけです。

あとは、「見てくれ（外見）」というものも、やはり大きいでしょう。これも効果がある場合もあり、営業系の仕事やサービス系の仕事などであれば、頭の回転がそれほどよくなくても、見た目の印象がよいと、昔の「タバコ屋の看板娘《むすめ》」と同じ現象で、そこに人が集まってきたり、客がちょっとは立ち止まって物を見てくれたりする率が増えることもあります。ですから、外見で採用することが、必ずしも悪いとは言いません。それが合っている場合もあると思います。

そのように、人を代えれば、見てくれがよい人のところに客が集まりやすい面はあるかもしれないので、そのすべてを否定する気はありません。

渋柿《しぶがき》のように「時間をかけて〝熟成〟する人材」を見抜《みぬ》く

ところが、十年二十年かかって〝熟成〟し、よくなってくるタイプの人は、渋柿《しぶがき》と同じようなもので、一見、最初はよくないように見える場合がわりに多いのです。

それは、「すでに熟していて、すぐに食べても甘い」というような柿ではなく、「その時点では、まだ青くて硬《かた》いし、渋くて食べられない」というような柿です。

ただ、そういう渋柿でも、皮を剝《む》いて、冬の寒空のなかをぶら下げて干《ほ》しておくと、だんだん水分が蒸発し、黒っぽい斑点ができてきて渋みが固まり、糖度が増して甘くなってきます。そのように甘くする方法があるわけです。

この「渋柿を、皮を剝いて吊《つ》るし、冬の間に甘い干し柿に変えていく」というやり方が、実は、「最初の段階ではあまりよくは見えなかった人が、だんだんだんだん仕事ができるような人間になっていく」というパターンとよく似ているわけです。

渋柿が生《なま》のときには、その渋みが全体に散らばっているため、舌に触《さわ》ると痺《しび》れてくるほど渋く感じます。それが凝縮《ぎょうしゅく》して点になることで、甘味のほうが出てくるようになってきます。そのように、若いうちに、その人の弱点や欠点、あるいはマイナスに見えるようなところのほうが先にパッと見えてしまう場合が、渋柿の状態だと思います。

「こんなものが食えるか」と思って、みんな捨ててしまうわけですが、実は、少しだけ加工すること、「皮を剝いて干しておく」という作業等さえきちんとしていれば、干し柿として売れるものになるのです。

これが、あとから出てくるタイプの人です。

一方、今、パッと見て、条件的にも外見的にも「よい」と誰《だれ》もが思うようなタイプの人は、「しばらくするとカラスにつつかれるような甘柿」になることがあります。つまり、今、食べないと駄目になってしまうようなものを採ってしまう傾向《けいこう》が、人事にはあるわけです。

もちろん、そういう熟したタイプの人も、一定数は採らなければいけないとは思うのですが、採用段階である二十《はたち》歳から二十二、三歳のあたりで、勉強も外見もやる気も、その人にとっては自己のピークに来ている人を採ったら、それは、熟している柿ばかりを買ったのと同じことになります。要するに、「しばらく置いておくと、駄目になるものが出てくる」ということです。

やはり、そういうことを考えなければいけません。

これは、バナナなども同じようなものでしょう。店先で売るときには、よく熟《う》れたバナナでなければいけませんが、輸入前に船に積み込まれたときには青いバナナです。それが船倉《せんそう》のなかで眠《ねむ》っている間に、だんだん黄色くなって熟してくるわけで、その「時間」を読まなければいけないわけです。

人材採用時のポイント①「即戦力《そくせんりょく》」と「将来の管理職」人材を分ける

今、即戦力《そくせんりょく》になる人は、どこであっても欲《ほ》しがっています。不況期などで「経営が危ない」と思うようなところは、即戦力になる人、すぐ使える人を欲しがるものです。

そういう意味で、正規も非正規も変わりなく、即戦力になるような人を採りたがる気《け》があるし、売り手市場になりやすいでしょう。「経験がある」というような、今すぐ使える人は、やはり使いやすいので、そうした人は一定の数がいるのはよいとしても、人事担当者としては、「全員をそのタイプにしては駄目なのだ」と心掛《こころが》けるべきです。今は即戦力ではなくても、五年後に使える人、十年後に使える人、二十年ぐらいしたら使える人もいるので、この区分けをしなければいけません。

即戦力に近い人とはどういう人かというと、いわゆる「実用の学」、実際に使えるものを学んでいる人で、そういう人は即戦力になるように見えます。実際に、今すぐ仕事に使えるものをしているような人は即戦力に見えますから、こういう人を採れば、だいたい上から文句《もんく》を言われることは少ないわけです。

しかし、先行き使えるようになっていく人には、違う部分が一部あります。

それは何かと言うと、まず、即戦力で使える人には、さまざまな資格を取っている人が多く、一般的には就職に有利です。例えば、タイピングの資格、秘書検定二級、英検など、書類選考を通るためには、こうしたものをいろいろと持っていたほうがよいのは間違いありませんから、うまく持っていたほうがよいのですけれども、ただ、「ポテンシャル（潜在能力《せんざいのうりょく》）の読めない部分が、まだある」ということです。

「ポテンシャルの部分」とは何かと言うと、一つには、「その人が、手先でできる仕事以外に、教養のために払う時間を持っているか。努力した形跡《けいせき》があるか」というようなところです。これをチェックするわけです。

要するに、実学的なところをしなければいけないのは当然なのですが、実は、「自分づくり」をしたり、考えを巡らせていたりして、「教養」の部分に時間を割《さ》いたような人が、次に仕事の訓練をすると、管理職に化《ば》けていくのです。

つまり、多少は教養を持っている人でなければ、管理職にはなれないのです。この〝教養の部分〟が、「人を使える力」に変わっていきます。

一方、教養をつけず、実務訓練だけをしているような人は、管理職向きではありません。

例えば、「タイプが速い」というだけでは、管理職にはなれないでしょう。

また、「英語ができる」といっても、「いわゆるガイドや通訳としては使える」ということと、「英語を仕事で使って、事業やプロジェクト等をつくっていける」といった能力とでは、微妙《びみょう》に違うところがあります。

そのように、「教養部分をつくろうとする傾向を持っている人」が、「十年後、二十年後の人材」です。だいたい四十歳ぐらいのときに、その教養の差は明らかに出てきます。若いうちには手先がよく動く人のほうが評価はよいのですが、四十歳ぐらいで、だんだんと教養の力が出てくるのです。

一点目には、こうしたことがあります。

人材採用時のポイント②「体力づくり」に努力してきたか

それから、人事担当者として、もう一点は、やはり、「今まで、体力づくりにおいて、どの程度努力してきたか」というところを見なければいけません。「体力づくりにかけた時間」と、「今、学力的なアチーブメントがどの程度まで行っているか」ということの相関関係をよく見なければいけないわけです。

「ずっと塾通いをし、学校でも絞《しぼ》られて、勉強だけをしてきて、成績だけは揃《そろ》えました」というような人は、採用段階では特に問題がなく採られるのですが、体力についてまったく投資していなかった場合には、その後、伸《の》びないことがあります。

実は、知的な能力の成長においては、体力的な支えがないと伸び続けられません。頭のキャパシティ（容量）が、すぐにいっぱいになるのです。

すなわち、学校の勉強ぐらいまでは吸収できたとしても、社会に出てからいろいろなことを勉強し、脳の幅《はば》を広げて新しいものを吸収していくためには、体力的な基盤《きばん》が要るのです。

要するに、〝もやし的な秀才〟の面だけだと体力的基盤が弱いため、もはや疲《つか》れ切っていて、「入社後も、いろいろと新しい勉強をし、キャパを増やし、専門知識を増やしていく」といったことができないわけです。このあたりが間違えやすいところです。

人材採用時のポイント③「指定校制」による安易な採用をしすぎない

高度成長期の時代には、学校での成績で採っていた会社が多いと思います。

ただ、成績があまりよすぎる人の場合、やはり、体力の部分をカットしすぎたり、人との付き合いの部分があまりになさすぎたり、趣味《しゅみ》や教養の部分などがなさすぎたりして、「成績だけを揃えている」というような人であることがあります。そして、そのような人ばかりを採ったような会社は、その後、高度成長が終わったあとには傾《かたむ》いていき、潰れたり、統廃合《とうはいごう》したりしたところが多いのです。

また、好景気のときには「指定校制」などもけっこうあり、有名大学だけを指定し、そこから何名採用するなどと決めて採っていました。人事採用でも、大勢を相手にしていると時間がかかるので、「この大学のこの学部からは何人採用」というように学校と定員を決め、それで、だいたい総員幾らということを決めて採っていたことが多かったのです。

ただ、そういう指定校制のようなことをしすぎていたところは、どうも傾いていっているようです。

これについては、私自身、あまり言いたくないことなのですが、「東大比率の高いところほど潰れやすくなっていた」ということもありました。なぜかというと、東大比率がピークになるときというのは、先ほど述べたように、その会社としては熟し切ったときだからです。

東大出《で》は、会社がピークのとき、そこに対する世間《せけん》の評価がだいたい固まった段階のときに集まる傾向が強くあります。したがって、その比率がすごく高いということは、「その後、斜陽《しゃよう》化していく可能性が極《きわ》めて高い」ということなのです。東大出は、そのときにいちばん人気のあるところに集まっていくため、その後、斜陽化していくケースが多いわけです。

だいたい十年ぐらいで、人気の業種がだんだん変わっていったりするので、そういう安易な採り方をしすぎるとあまりよくないという面はあると思います。

とはいえ、東大出も、「全部が駄目だ」と言っているわけではないのです。

最近は、大学の民営化（国立大学法人化）が進んでいるので、教える内容も変わってきているとは思いますけれども、どちらかといえば、アカデミック（学問的）な教育をよくしているのでしょう。東大出が実際に力が出てくるのは、先ほど述べたように、四十歳ぐらいからなのです。つまり、本当に力が出てくるのは、就職してからずっと先のことになるわけです。

ところが、会社がそこまでもたないことが多く、どちらかというと、「早く、何年か以内に力を出してくれないともたない」という場合が多いでしょう。大きな会社で基礎力があり、体力があるところはもちますけれども、体力のないところは、あまりインテリ風の人が多すぎると、潰れることもあるわけです。

そういう意味でも、多少、採用する人材の種類を考えていったほうがよいのです。

企業《きぎょう》はいろいろな経験がある人を「可能性がある」と見る

また、企業《きぎょう》が体育会系の人を採用したがる理由は、私も長くいろいろとやってみて、だんだん、分かってきました。

やはり、学校の勉強そのものは、実社会でストレートに使えるものではありません。それは、基礎的な頭の訓練ではあるわけですが、実社会では応用として、新しい知識を勉強していかなければいけないのです。学問的に、あまり細《こま》かいところまで詰《つ》めすぎていると、〝スペシャリスト〟になってしまって、その会社に合わせたようにはならず、〝つぶしが効きにくい〟ところがあるのでしょう。

それならば、むしろ、体育会系で体を鍛《きた》えた人や、学生時代にアルバイトなどをして、人生経験の一部を垣間《かいま》見ていたりする人、あるいは、海外へ旅行をした人など、いろいろしているような人のほうを「可能性がある」と見ることもあるということです。

そういうわけで、ある程度、採用する人材の〝バラツキ〟を考えたほうがよいのではないでしょうか。

「大蔵省《おおくらしょう》にだけ採用されるタイプ」とは

ちなみに、私の若いころの話になりますが、成績のよい人は役所などに行くことが多く、特に、大蔵省《おおくらしょう》（現・財務省）によく行っていました。

ただ、そういう人は民間会社の面接を受けると、どこも落とされているのです。「大蔵省だけに内定が出るというのは、不思議だな」と思いました。

そういう人は専門学部でも、「『優』が十六個だ」とか、「十七個だ」とか言っているわけです。「いやあ、十六勝一敗です。でも、十七勝がいるので、私より上がいるんです」などと言っているのですが、フニャフニャとしていて、誰が見てもボーッとしているような、「本当に頭がよいのだろうか」と思うようなタイプなのです。要するに、一般的には、〝バカ〟に見えるタイプなのですが、勉強はできるらしいのです。

そういう意味で、成績だけで採るところであれば内定は出るのでしょうが、ほかの民間会社では、どこからも内定が出ていません。

やはり、普通は、「人と話して商談を進める」「企画力がある」「交渉《こうしょう》する」「愛想《あいそ》がある」というように、いろいろな人間的な表現能力というものが要るでしょう。

ところが、ほとんど、しゃべれなくて、おとなしくジーッとしているのに、答案だけは書けるという人がいるわけです。

そのように成績がよい人は、一般的に「難しい」と言われるところには通っていくことがけっこうありましたが、民間会社では採用されないことが多かったように思います。

仕事能力には「人間として賢《かしこ》い」という部分がある

やはり、仕事能力には、いわゆる「勉強ができる」という「勉強的な能力の部分」と、それ以外の「人間として頭がよく、賢《かしこ》いという部分」があるのです。

「人間として賢い」というのは、要するに、「対人関係能力」であったり、あるいは、「人生経験の幅の広さ」や「興味関心の幅の広さ」のようなものであったりします。そうした「雑学」や「経験」が意外に利《き》いてくることがあるわけです。

例えば、海外での仕事に、大学や高校時代に短期間であってもホームステイなどをしたことがある人を連れていくと、俄然《がぜん》、力を発揮することがあります。

実際に海外に行っていた日数自体を訊いてみると、一週間や二週間という大した日数ではないので、そんなに大きな教育的な効果が長く続くはずはないと思うのですが、それでも意識が少し変わっているのでしょう。海外に連れていったときに、海外に行ったことがない人と比べてみると、明らかに違いがあって、何と言うか、ある種の〝したたかさ〟のようなものがあるのです。

やや話が広がりましたが、そのように、「人材の読み方」には、いろいろあるということです。

「履歴書《りれきしょ》に表れていない能力」も見る

もちろん、「会社として、どのくらいもたせるか」という考え方もあって、「会社が潰れかけているので、今は、とにかく〝つっかえ棒〟が要る」というのであれば、しかたがないから、すぐに使える人を中心に入《い》れるべきでしょう。

しかし、若い人を中心に入れるようなところは、たいてい、ある程度の中長期戦略は持っていると思うので、多少は、そうした「人材の種類分け」をしていくほうがよいわけです。やはり、人事の採用の際にも、採用担当者には、そのような〝頭〟が要ると思います。

なお、人を見る際には、いわゆる履歴書《りれきしょ》とその写真、つまり外見以外に、「こういうところに特徴《とくちょう》がある」とか、「こういうところで、一般にチェックされないような努力をした実績がある」などという面を見るべきでしょう。こういう部分が、意外に利いてくるのです。

例えば、一般には、高学歴の方に営業やサービス業系の仕事をさせると、できないことが多いのですが、なかにはできる人がいます。そういう人を見てみると、たいていの場合、実家が何らかの自営業をやっていたり、商売をやっていたりするのです。つまり、そうしたタイプの家に育った人の場合、子供時代に親の仕事を見ており、見よう見まねで手伝っていたような経験があるのでしょう。いわゆる、エリート校の学部とかを出ていても、親を見て、商売勘《かん》や接客の術《じゅつ》のようなものを持っていたりするので、意外に営業やサービス業系の仕事ができたりするわけです。

そのように、〝履歴書に表れない部分〟の能力を持っていることがあるため、ある意味で、「表面に表れている部分」は、半分ぐらい見なければいけないとは思いますが、やはり、それ以外の部分、資料に書けるもの以外の部分のポテンシャルを、半分ぐらいは見なければいけません。

最終的に強いのは「熱意」のある人

ただ、どうしても分からない場合、やはり、最後は「熱意」だと思います。熱意のある人間が、最終的には強いのです。

ちなみに、就職ガイダンスなどで、（右手で拳《こぶし》を振《ふ》り上げながら）元気よく「おー！」とやるような訓練をするところもあるそうですが、そうした見せかけの熱意に騙《だま》されてはいけません。やはり、そういうものだけではなくて、持続的に静かに燃え上がってくる「秘められた情熱」のようなものを持っているかどうかです。このあたりを知ることが大事なのではないでしょうか。

〝甘《あま》い柿《かき》〟だけではなく〝渋柿《しぶがき》〟も採っておく

意外に世間では、すでに出来上がった会社や官庁等、就職人気の高いところほど、まず、客観的なものや外見的なものでふるい分けをすることが多いのですが、これから先を考えて、長く、中長期的に成功していこうとするなら、そうした人材も上《じょう》手《ず》に採っておくことが大事だと思います。やはり、〝甘《あま》い柿《かき》〟だけではなく、〝渋《しぶ》柿《がき》〟も一定の数は入れておかなければいけないでしょう。

もし、「これから皮を剝いて干しておけば、変化する」ということを見抜《みぬ》ける人事の採用担当者がいれば、その人は優秀です。

以前にも何度か述べたことがあるのですが、商社でも幾つか大きいところがあって、ある商社の人事採用の面接で落ちた人が、隣《となり》のライバル会社に入って、社長にまでなっていることがありました。ライバル会社の社長になるような人を面接で落とす採用担当者というのは、本当に能力が低いと思うのですが、「社風が違う」と言えば、そうなのかもしれません。ただ、社風が違うにしても、同業のライバル会社の社長になるぐらいの人であれば、運が悪かったとしても、重役ぐらいまでは上がってくるでしょう。しかし、それがなかなか見抜けないものなのです。

「自分よりも出世していくような人」を採用する勇気を

あるいは、人事の採用担当者自身が、〝自分の鏡〟に映した相手を見ていることがけっこうあります。つまり、自分の持っているものと相手とを比較《ひかく》して見ていることが多いわけです。その意味で、自分自身の長所・短所などの客観分析《ぶんせき》もよくしておくべきでしょう。この点は気をつけたほうがよいと思います。

採用担当者がポジティブな人間であれば、自分が持っていないものを持っているような人にもプラス評価をすることはあります。「自分はできないけれども、この人は、こんなふうにできるのか。それは、いいな」と見ることもあるのです。

ところが、ネガティブな評価をするタイプの人の場合、そうとは限りません。例えば、そこは、外国との取引が多く、社内英語公用語化などを進めているような会社だとしましょう。当然、英語の能力は、人それぞれ違うでしょうけれども、採用担当者のなかには自分と相手を比べてみて、「うーん、こいつは生意気だな。TOEIC《トーイック》は私より百点も上じゃないか。ちょっと落としてやろうか」というようなことを思う人も、やはり、いることはいるのです。

もちろん、そういうことを表面意識で思っているかどうかは分かりません。しかし、潜在意識下では、「自分より、できるじゃないか。けしからんやつだ。大学生の分際《ぶんざい》で、こんなにできるとはけしからん。よっぽど、これは能力が限られていて、英語ばっかりやったに違いない」などと、自分と引き比べて考えてしまう場合もあるのです。

やはり、こういうところは「公《こう》」と「私《し》」をよく分け、「会社にとって、必要な人材かどうか」といった、できるだけ澄《す》み切った心で採用に当たらなければいけないと思います。

ほかにも、「自分の苦手《にがて》な分野が強いやつは嫌《きら》いだ」とか、「自分の得意な分野で、さらに自分よりできそうなやつは嫌いだ」とか、あるいは、自分は美人だから採用されたのにもかかわらず、「自分より美人が来たら、絶対に落としてやる」とか思うような人もいるでしょう。

もしかしたら、「こんなやつは、落としたとしても、よそに行けば、どこかで採用してくれるに決まっているからいいんだ。自分が採用すべきは、どこも採ってくれないような人だ。そういう人を採ってやることこそ、救済に当たるんだ」というように考えるのかもしれません。

いずれにせよ、個人の主観が入りすぎている場合、本当は、人事の採用担当系には向いていないのでしょう。個人的に能力が高いか低いかは別として、やはり、自分以外の目で見るような、そういう客観的な目を持たなければいけないわけです。

要するに、学校の先生が、教え子が自分より偉《えら》くなっていくことに耐《た》えられなければ、よい授業ができないのと同じように、人事の採用担当者は、自分をさておいても、出世していくかもしれない人を採用するだけの勇気が必要だということです。

今は、地道にコツコツと努力するタイプが必要とされる

なお、〝お荷物〟になりすぎるような人を、あまり採用するのも問題はあって、そのあたりの見抜き方には、やや難しいところがあるでしょう。

もし、「どうしても」というのであれば、持続的な熱意を持っているような人で、多少は体力の養成に配慮《はいりょ》した考え方を持っている人、さらに、人とは違った何らかの経験をしていたり、教養などにも少し関心があったりするようなタイプの人を採ったほうがよいと思います。

また、営業系やサービス系で、売上等を増やすようなところであれば、話が上手な人がよいでしょう。やはり、受け答えをしたり、相手を説得したりするのが上手そうな人を採るのがよいのです。

なかには、いろいろと〝作戦〟を持っている会社もあって、面接官が三人いた場合、一人はいじめる役をするようなところもあります。要するに、一人だけは嫌《いや》みばかりを言って、相手が怒《おこ》り出したりするかなど、どんな反応をするか見るようなやり方もあるのですが、そこまでやらなくてもよいかもしれません。

いずれにせよ、私としては、今、挙げたあたりのところを見たほうがよいのではないかと思います。

ただ、不況期になればなるほど、即戦力になるような資格などを持っている人のほうが、採用される傾向が強くなることは事実です。

アベノミクスも始まったばかりなので（説法《せっぽう》当時）、あまりコメントしてはいけないとは思いますが、それほど油断しないほうがよいと考えられるので、渋い成功の仕方をしていかなくてはいけないでしょう。

要するに、人の見ていないところで、一生懸命《いっしょうけんめい》、バッティングの練習をしているようなタイプの人を採用することです。甲子園《こうしえん》で優勝したチームばかりから採ろうとしていたら、実際は、会社が発展しないこともあります。もちろん、スター選手も要るけれども、全部がスター選手ではいけなくて、地道にコツコツとやるようなタイプの人が必要なのです。

したがって、〝売り込む材料〟も大事ではありますが、「人が知らないようなところで、何か努力している部分があるかどうか」という面も見てほしいと思います。

そういうわけで、今回は、いろいろな話を散りばめました。

POINT

□政府の経済政策だけには頼れない。やはり、「経済の主体である個人がどう力量を発揮するか」ということが大事。

□即戦力ばかりではなく、渋柿のように「時間をかけて〝熟成〟する人材」を見抜くこと。教養部分をつくろうとする人が、十年後、二十年後に、管理職に化けていく。

□「体力づくり」や「対人関係能力」、あるいは、「履歴書に表れない部分の能力」なども見る必要がある。

□採用担当者には、自分より出世していくかもしれない人を採用するだけの勇気が必要。

Q2 個人と組織のマンネリ発想脱出法《だっしゅつほう》とは

Q　若手社員であっても、新しい仕事をつくり出していく「提案力」が大事かと思いますが、日々の仕事をしていると、今までやってきたものとの兼《か》ね合いがあり、なかなか提案できないことも多いと感じています。

今までの延長上ではなく、新しい仕事を少しずつ工夫《くふう》していくことが大事かと思いますので、それを実行していくためのアドバイスをお願いします。

大川隆法　「企画力《きかくりょく》」や「提案力」は、上下関係を気にすると働かない才能

小さな会社や新しい会社であればあるほど、社員の企画《きかく》や提案等が通りやすいのは事実です。

つくったばかりの会社ならば、社長も新入社員もそう変わらない企画や提案などをたくさん出してくるものですが、時間がたち、会社がだんだん大きくなると、それを〝押《お》し潰《つぶ》す文化〟が強くなっていきます。企業文化が固まってくると、年数のたっていない人が提案をしても、何も聞いてもらえないことがあるわけです。それは、一定の年数を経《へ》ないと資格を取れない「お茶」や「お花」の免状《めんじょう》のようなものです。

そのあたりの兼ね合いは非常に難しいのですが、企業体が常にイノベーションをしていこうとする姿勢を持っているのであれば、やはり努力して、そうしたものを崩《くず》していかなければいけない部分もあると思うのです。

ただ、「その提案を実行してみたら、すべてが壊《こわ》れてしまった」ということでは大変なので、難しいところはあります。ですから、やはり、八割は現在の路線を維《い》持《じ》するにしても、二割ぐらいは常に何か新しいことを考えてみるなど、意見を取り入れる部分も大事です。

無礼講《ぶれいこう》でブレーン・ストーミングをし、新しいアイデアを出す

また、〝肩書《かたが》き〟などにこだわりすぎて話を聞かないようなことは、少し気をつけなければいけません。なぜなら、「企画力」や「提案力」は、基本的に、あまり上下関係などを考えすぎると、もはや働かなくなってくる才能だからなのです。

そのために、有名な「ブレーン・ストーミング」というものがあります。

これは、「頭の嵐《あらし》」「ブレスト」などと言われるものですけれども、一種の無礼講《ぶれいこう》状態をつくって行うものです。「失礼であるかどうか」とか、上下や男女の差などを無視して、「どんな意見が出ても、それについて批判はしない」という前提の下《もと》に、何でもいいから意見を出していくうちに、新しいアイデアが出てくるというものです。

例えば、世間《せけん》の出版社の編集部などでは、頻繁《ひんぱん》にブレストが行われているはずです。「いったいどんなものを考えればヒットするか」ということをみんなで考えな

いと、会社が潰れる恐《おそ》れがあるので、誰《だれ》が出したにせよ、アイデアが出てくるのは大事なことなのです。

そういう意味で、ブレストをするためには、上下関係等のところは無視しなければいけません。

また、今、流行《はや》っているものは何かを知っていることは当然ながら、それ以外の雑学についても、やはり、多少、増やしていく努力をしないと駄目《だめ》なのです。そのようなことが言えるのではないでしょうか。

知識的フィールドを増やし、自由な意見を出す企業《きぎょう》文化をつくる

そして、まったく何もないところからつくり出す場合、創造の値打ちが高いのはもちろんのことですけれども、現代社会において、まったくゼロのものからつくり上げるのはそう簡単なことではなく、すでに誰かが何かをしていることがほとんどです。たいていは、どこかに眠《ねむ》っている知識や技術であることが多く、たまたま自

分のフィールドでは、それが使われていなかったり、知られていなかったりするだけのことがあります。

例えば、自分の会社の業種が衣類メーカー等のアパレル関係の人であれば、そのなかでほかの業界のことを勉強している人がいると、ヒントになるものが出てくることもあるでしょう。

このように、その業種のなかだけで考えていると思いつかないようなことが、ほかのところの考えを入れると出てくることがあるので、そういう、知識的な意味でのフィールドを増やしていく必要があります。

もし、いつもの企画《きかく》・提案ばかりが通るような組織であれば、けっこうワイワイガヤガヤとしてうるさく、そのようにはならないこともあるだろうと思うので、一定の時間を区切り、例えば、水曜日なら水曜日、あるいは土曜日とか、曜日を決めて、「毎週、この時間帯には、他の人の意見を絶対に批判しないで、ブレスト風に自由に案を出し合う」ということをすればよいのです。そこで提案をいろいろと出して、みんなで考えてみるなど、そういうことをしてみる企業文化をつくればよいと思います。

立場に関係なく提案を出すトヨタの企業《きぎょう》文化「カイゼン」

その意味では、何十万人も社員がいるトヨタなどにおいて、年間数十万件もの提案が出るのは偉《えら》いと思います。「毎日、車の製造ばかりしているのに、企画《きかく》や提案がよく出るものだな」と、私は不思議なのですが、現場の一工員まで、誰でも出してよいことになっていて、何十万件も提案が出てくるそうです。

これは、「こうしたらもっとよくなる」という、いわゆる「カイゼン（改善）」です。トヨタは、「カイゼン」という日本語を英語で通用するようにしてしまいました。その文化は、ある意味で、いわゆる「衆知《しゅうち》を集める文化」でしょう。

先ほど、「社会主義的な中国経済が破綻《はたん》する」と述べましたが、上のほうだけで企画をしていたら失敗するものであっても、下から提案があることで、新しいアイデアが出てくることもあります。

〝縦ラインの長さ〟が提案を通りにくくし、経済の発展を止める

私なども、当会の理事長と面談をするよりも、セミナーや支部巡錫《じゅんしゃく》等で、信者からの質疑応答をしたりしていることのほうが多いこともあります。

長いラインを下から上がってくるような、洗練されて絞《しぼ》り込《こ》まれた情報というものは、もはやほとんど手の加えようがなく、出来上がっているものが多いので、知っているに越《こ》したことはないけれども、アイデアの源《みなもと》になることは少ないのです。

それよりは、むしろ、支部や精舎《しょうじゃ》での行事で、信者がとんでもないことを訊《き》いてくる質問のなかに、何かのヒントがあったり、運営上のうまくいっていない部分が見えたりします。支部長が「しまった！　あんなことを言わせてしまった」と思うようなことを、質問者本人も気がつかないうちにペロッと言ってしまったり、職員全体が気づいていないことがあったり、「こんなニーズがあったのか」と思うよう

なことがあったりするわけです。

例えば、本章のタイトル「できる社員の条件」は、以前、説法《せっぽう》後に取った参加者アンケートのなかで、「こういう説法が欲《ほ》しい」と書いてあったものをそのまま使っているわけです。

そういうアイデアにも、使えるものはけっこうあります。ただ、それを組織のラインに乗せると、途中《とちゅう》で消えることが多いのです。

もし、そういうものを上げる場合、「支部長に言って、支部長がそれを地方本部長に上げて、地方本部長がエル・カンターレ信仰《しんこう》伝道局長に上げて、それから事務局長に上げて」などということをしていたら、だいたい消えていく傾向《けいこう》が強いでしょう。そのため、こちらは、霊感《れいかん》で感じ取らないかぎり、キャッチできないことが多いわけです。

したがって、時間や場所などを区切って行うのでも結構ですが、できるだけ上下関係や男女の差のところなどを無視して意見が出せるような面を持つことが大事です。

また、「異質なものの組み合わせ」から創造が出てくることは多いので、できるだけ今の本業以外にも関心を持つ部分があったほうが、新しいアイデアは出やすいということです。そのあたりも頑張《がんば》って努力したほうがよいのではないかと思います。

ただ、そのような「提案力」が大切であるといっても、〝縦のラインが長い〟場合には、そう簡単に通らないのが普通《ふつう》です。

例えば、役所では、いちばん下のほうで〝握《にぎ》り潰す〟ということがほとんどでしょう。民間の人が役所に行っても、窓口で握り潰されてしまうことが多いのは有名です。

三回ぐらい役所に来たら、「本気で、こうしたいと言っているんだな」ということで、ようやく聞いてあげるような感じです。東京ドームをつくったときも、膨大《ぼうだい》な数の認可が要《い》ったようですが、いろいろと大変なものなのです。

そういうものが今、経済の発展を止めている面はあると思うのですが、もう少し柔軟《じゅうなん》でなければいけないところはあるでしょう。

また、私の家族などが幸福の科学の取引銀行の支店などを回ったりすると、支店長が出てきて「何とかして総裁に会えませんかね？」などと言ってくるそうですけれども、私は、会ってはいません。

このような場合は、会えばいいことがあるかといえば、実際は時間の無駄になることが多く、支店長に会って私が何か言った場合でも、何も決められないことが多いのです。本店に訊かないと答えられないことがほとんどなので、それは相手を間《ま》違《ちが》っているわけです。

もちろん、「預金を置いてくれ」というぐらいだったら言えるかもしれないけれども、支店長が私に会って話をするとなれば、大きな事業の問題の話が当然出てくるでしょう。その際、私が「○○はどうですか」と訊いても、「それは本店に伺《うかが》いませんと……」と返ってくるのなら、「判断ができる人が出てきてください」ということになるわけです。やはり、トップレベルでなければ話にならないので、時間の無駄になります。

向こうも提案はあるのだとは思いますが、残念ながら、当会の財務局で対応してもらわないと、時間の無駄になる場合もあるということです。

やはり、提案には、「新規によいもの」もあれば、「時間の無駄になるもの」もあって、そのあたりをうまく区別するのには難しいところがあると思います。

発想がマンネリ化してきたら、どうするか

ただ、発想がマンネリ化してきたり、やり方が固まってきたりしすぎたら、「それをどうやって新しくするか」ということを考えていくことが大事でしょう。やはり、「異質なものをやる」ことです。

当会に関して言えば、霊言集《れいげんしゅう》では昔の偉い人ばかりを出していたのですが、最近は少し芸能系のものなどを入れてみたりして、新しい層の反応も見ています。

また、私自身、「違うことを同時に行う」ようなこともしました。

例えば、二〇一三年のドラマ「半沢直《はんざわなお》樹《き》」や「リーガルハイ」等がヒットした堺雅人《さかいまさと》さんの守護霊《しゅごれい》霊言が出ていますが（『堺雅人の守護霊が語る 誰も知らない「人気絶頂男の秘密」』〈幸福の科学出版刊〉参照）、やはり、「どのような説法や霊言を聴《き》きたいか」という信者へのアンケートを見ると、当然ながら、「奥《おく》さん（菅《かん》野美穂《のみほ》）のほうも出してほしい」と言ってきたわけです（注。本説法の二日後、二〇一四年一月二十四日に菅野美穂の守

俳優・女優たちの守護霊に成功の秘密を
スピリチュアル・インタビュー（一部を紹介）

左から　『魅せる技術 ── 女優・菅野美穂《かんのみほ》 守護霊メッセージ ──』
『堺雅人の守護霊が語る 誰も知らない「人気絶頂男の秘密」』
『時間よ、止まれ。── 女優・武井咲《たけいえみ》とその時代 ──』
『女神《めがみ》の条件　女優・小川知子《おがわともこ》の守護霊が語る成功の秘密』
『俳優・星野源《ほしのげん》 守護霊メッセージ「君は、35歳童貞男を演じられるか。」』
（いずれも幸福の科学出版刊）

護霊霊言を収録した。『魅《み》せる技術――女優・菅野美穂 守護霊メッセージ――』〔幸福の科学出版刊〕参照）。

ところが、こちらも、奥さんのほうをやるだけの知識・情報がまだ十分ではありません。そこで、少しずつ仕入れていかないと駄目だろうと思い、合間《あいま》に集めたりもしているのですが、秘書が買ってきてくれていた〝菅野美穂シリーズ〟を見て、「こんなに積み上げられているけど、観《み》れるかな」と思ったのです。

こればかり観ていたら、私も仕事にならないので、少しずつ少しずつ観るしかないのですが、昨夜、寝《ね》る前に菅野美穂さん出演の「大奥《おおおく》」を二時間観たものの、「大奥」だけを観て過ごすのは時間的にもったいないわけです。

一方で、それとは別に、受験生である私の子供が、「今年（二〇一四年）のセンター試験の地学は難しかった」と言っていたのを聞いていました。

「理科では、地学が当会の教えにいちばん関係がある。地震《じしん》や火山も出てくるし、天文《てんもん》では、アンドロメダがどうだ、どこそこがどうだと、天体がたくさん出てくるので、地学の勉強は当会の教えに最も近いんだ。

でも、今年は地学の試験が難しく、地学を取った人たちは、みな〝お葬式《そうしき》〟みたいになっている。物理を取った人たちのなかには、満点だった人がけっこういて、『点数が高かった』と言って喜んでいる」という話を聞いていたのです。

そこで、私は、「地学が当会の教えにいちばん近いというのなら、今の地学はどうなっているのかな」と思い、地学の参考書を買っておいてもらいました。確かに読んでみると、私が習ったころに比べて、内容にだいぶ変わっているところがあったのですが、結局、「大奥」を二時間観ている間に、地学の参考書を一冊読んでしまいました。

もちろん、センター試験を受けても満点は取れないと思いますが、おそらく七割ぐらいなら取れるのではないかと思います。「大奥」を観ながら、二時間で四百数十ページの地学の参考書を一冊、読み終わったわけですが、そのくらいの読み方でも一日ぐらいであれば覚えているので、七割ぐらい取れるかもしれません。

ともかく、「幸福の科学の教えは、理科で言うと地学のほうにかなり近い部分があるけど、勉強していかないと使えない」というような話を聞いたことと、「菅野美穂さんの情報を入れなければいけない」ことを合体《がったい》しました。

つまり、「菅野美穂さんのことを勉強しながら、地学の勉強をする」ということをやったわけで、私の頭のなかでは〝化学反応〟が起き始めてきています（会場笑）。これがどのようになり、何が出てくるかは分かりませんが、いちおう、こういったことがアイデアのもとになるのです。「異質なもの」を、いろいろと関心を持って勉強していると、何か〝変なアイデア〟がピョッと出てくるので、そういう意味での広がりがありますし、そうしないと、狭《せま》くなってくるところがあるわけです。

まあ、少し余計なことを述べたかもしれません。

上の者は努力して、下からの提案を聞く姿勢を

いずれにしても、新しい情報や提案などは、組織が古くなればなるほど、また、大きくなればなるほど、あるいは、縦のラインが長くなればなるほど、通らなくなってくる傾向がありますので、上の者は努力して、下の者の提案等も聞いてみる姿勢を示さなければいけないでしょう。それとともに、何らかのかたちで、そういう提案を生かす努力をしていったほうがよいのではないかと思います。

例えば、今日は「できる社員の条件」というテーマで話をしていますが、先日、『上司力』の鍛《きた》え方」（二〇一四年一月十九日収録）という説法をしたときに、総合本部のほうから各局連名で、「これを新入職員研修にも使いたい」と報告されました。私は、「うん？　これは、いちおう初級・中級管理職用に話をしたつもりだけど、（新入職員用の）〝種〟がないのかな。管理職ではない人用の法話《ほうわ》が少ないのだな」とその報告を見て思ったので、「別途、『できる社員の条件』的なものも話を

してみようと思っています」といった返事を書きました。

確かに、経営者や社長向けの法話を数多く出してはいるのですが、まだそのあたりに届いていない人も信者の構成部分としてはかなり多いでしょう。「経営者の集《つど》い」等を開催《かいさい》しても、実は小さな個人経営をしているような人も大勢来ているため、あまり大きな会社の経営の話ばかりをすると、話が大きすぎて参考にならないこともあるのかもしれません。やはり、段階に合ったものをいろいろと話さなければいけないわけです。

そのように、さまざまなものから、「ニーズがここにあるのだ」ということを発見していくのは大事だと思います。

国のトップも陥《おちい》りがちな〝情報選択《せんたく》の罠《わな》〟

もちろん、情報は無限に広がっていきますので、いろいろな人の提案を全部聞いていればよいというわけではないでしょう。

私からすると、天皇陛下《へいか》にしても、総理大臣にしても、実は「少しやりすぎではないか」と思うぐらいまで、いろいろと細《こま》かいことをしているように見えるところはあります。総理大臣の日誌などを見ても、「ここまでする必要はあるのかな」と思うようなことが、けっこう載《の》っており、もう三分刻みとか、そのくらいで人に会っているのではないでしょうか。

例えばの話ですが、どこそこの「花売り娘《むすめ》」とか、「桃《もも》娘」とか、山梨《やまなし》の梨園《なしえん》の「ミス梨」とか、青森の「りんご娘」とか、よくは分かりませんが、そのような人が来たら会ってみたり、有名な俳優が来たら会ってみたりと、チョコチョコしているわけです。

もちろん、人気にはつながるのだろうと思いますが、全体の日程や外遊したあとの日程等をいろいろ見ると、「どうかな」と思うような面もあります。したがって、全部が全部、情報や提案が上がってくる組織がよいとは必ずしも思いません。

「頭」と「組織」を古くさせないために

組織が「ピラミッド型」になる理由は、基本的に、大事な情報が絞り込まれていき、実際に重要なものや大事なものが上に上がっていくようにしていくためです。上の時間を無駄に奪《うば》わないようにするために、だいたいピラミッド型になってくるわけで、情報が絞られていくこと自体は、いちおう間違ってはいないと思います。

しかし、組織としてはどうしても古びてきますので、「ときどき新陳代謝《しんちんたいしゃ》をしなければいけない」という意味において、新しい意見や提案を聞く耳を持つなり、そういうチャンスをつくるなりの努力が要るわけです。

ただ、そうは言っても、提案を聞いてくれないようでいて、少しは〝通る〟こともあるのです。

例えば、今、当会の事務局長には若い女性が座《すわ》っていますけれども（説法当時）、この人は昔から提案ばかりするので有名な人でした。ところが、その提案の内容は私に一回も上がってきたことはないので、理事長のところで止まっていたのだと思います（笑）。ただ、何代も前の理事長あたりから、「よく提案してくる人だ」とは、聞いていました。

ともかく、そのように、下のほうから上がっているのだと思いますが、やはり、それはそれなりに〝一つの圧力〟ではあります。下からの〝噴火《ふんか》〟する圧力であって、提案していれば、上が一回断り、二回断りしても、だんだんだんだん聞かざるをえなくなってくる面もあると思うのです。さらに、そのなかに〝ヒット〟しているものが出てきた場合には、聞くことになるのではないでしょうか。

ただ、若い人が提案する場合、自分の経験した範囲《はんい》が狭いため、実はほかの部署がしている仕事が見えていないところもあって、その部分を考慮《こうりょ》に入れると提案が通らないことがあるのです。あるいは、そうした面を理解できないこともあるかもしれませんが、提案した内容が聞かれなくても、あまり簡単に〝しょげない〟ことが大事でしょう。提案が通らなければ、「次はもう一段よいものを上げよう」と思うことです。

とはいえ、トヨタのように何十万件もの提案を上げられたら、私だってたまりません。そのなかから、どのようにピックアップしていくかについては、ある程度、組織の柔軟さが要ると思います。

なお、「一般《いっぱん》世界のニーズが今どのあたりにあるのか」、あるいは、それだけではなく、「今はまだ出ていないけれども、これから将来に出てくる〝タケノコ〟の部分は何なのか」というところに関心を持たなければいけません。頭が古くなっている人には、それが分からないことがあるので、気をつけなければいけないでしょう。

私自身も新規のところはいつも耕しています。「オーソドックスな勉強もしてはいるけれども、新規なことも常に耕している」ということは知っておいてくだされば幸いです。

POINT

- □ 組織においては、八割は現在の路線を維持しつつ、二割ぐらいは新しいことを考えたり、新しい意見を取り入れたりすることが大事。
- □ 「企画力」や「提案力」は上下関係を考えすぎると働かなくなってくるので、ブレスト風に自由に意見を出し合う企業文化をつくるとよい。
- □ 発想がマンネリ化してきたら、「異質なもの」に関心を持って勉強してみること。〝変なアイデア〟が生まれて、発想の広がりが出てくる。
- □ 組織を新陳代謝させるためには、上にある者は、下の者の提案等を聞いてみる姿勢を示すこと。下の者も、提案が通らなくても、「次はもう一段よいものを上げよう」と思うことが大事。

Q3 「中心概念《がいねん》の把握《はあく》」と「ロジカル・シンキング」ができる人の特徴《とくちょう》とは

Q　私は、国際本部の国際事務局で仕事をしています。「できる社員の条件」として、「仕事の中心概念《がいねん》を速くつかめる」ということと、「論理的な思考、ロジカル・シンキングで問題解決に当たっていける」ということが挙げられるかと思うのですが、感性的な人やアイデア豊富な人に限って、そうしたことがなかなか難しいのかなと感じるときがあります。

そこで、「そうした力を、どのように磨《みが》いていけばよいのか」ということ、また、「それを磨いていけるような人の育て方」といいますか、「どのようなアドバイスをしていけば、そうした方向に持っていけるのか」ということを教えていただければと思います。

ヒラ社員に「中心概念《がいねん》をつかめ」と言っても難しい

大川隆法　あなたが言った、「中心概念《がいねん》をズバッとつかむ」ということや、「ロジカル・シンキング、論理的な考え方ができる」ということが、必ずしも「できるヒラ社員の条件」かどうかは分かりません。

なぜなら、それは、管理職あたりの人に必要なことかもしれないからです。「中心概念をズバッとつかんだり、論理的に物事を考えられる」というのは、もう少し上の立場の人かもしれないという気はするのです。

もちろん、若い人のなかで、そうした考え方ができる人がいても構わないとは思います。

ただ、与《あた》えられている仕事が、まだそれほどメジャー（主要）な部分ではない場合、要するに、会社の重要な局面にタッチしていない仕事をしている場合には、

「中心概念をつかむ」といっても、中心概念から遠ざけられているため、つかみようがないでしょう。

「実際に今、会社が問題にしているところ」にタッチしていない場合、その中心概念がつかめませんし、自分がやっている仕事の中心概念といっても、それは限られたものになります。

また、「ロジカルに考える」といっても、やはり、やっている範囲《はんい》が狭《せま》ければ、ロジカルに考えても、分からないものは分からないと思うのです。

ロジカルに考える背景には、「比較考量《ひかくこうりょう》」という考え方がどうしても入ってくると思います。「Aを取ったらどうなるか」「Bを取ったらどうなるか」「Cを取ったらどうなるか」というように、比較しながら中心概念から〝切って〟いって、「これを選んでいくべきだ」という考え方を示し、その考え方の枠《わく》に、フォロワーである部下たちがついてくるように仕向ける作業が要《い》るでしょう。

いずれにしても、経験の幅《はば》や仕事の幅が狭い場合には、中心概念をつかむにしても、ロジカルに考えるにしても、能力が十分に生かされるとは思えない部分はあると思うのです。

まずは「正確で速い仕事」ができるように努力する

そのようなわけで、立場がいちばん下のほうにいる人の場合は、まずは、「正確で速い仕事をする」あたりから始めなければいけないと思います。

仕事のミスが多い人は怒《おこ》られますが、それは当たり前のことです。ミスが多いとやり直しが増えるので、他人《ひと》の時間を奪《うば》うからです。

しかし、仕事が正確で速い人、また、締《し》め切りを自分で設定できる人、「これは、いつまでにやらなくてはいけないのか」ということを常に確認しながらやれる人は、やはり、「仕事ができる」と言えるでしょう。

例えば、「締め切り日は、この日です」という、そのギリギリのときに、やっとできるという人がいます。昔の作家で言えば、「輪転機が回っているときに、編集者が原稿《げんこう》を持って印刷所まで走っていく。『ハァ、ハァ、ハァ、間に合いました。最後の一枚は、これです』と言って持ち込《こ》む」というようなことがありました。

ただ、今でも、「締め切りが十五日」と聞くと、ちょうど十五日に出してくるような人はいると思います。

一方で、締め切りが十五日であれば、「一日でも二日でも早く仕上げる」、あるいは、「十五日までにやっておきなさい」と言われたときに、「今日は一日《ついたち》ですが、私は、もうそれはできています」というようなことであれば、やや〝できすぎ君〟ではあるものの、速いことは確かです。「それが必要だ」ということが先に分かっているというのなら速いわけです。

ともかく、まだ若くて、広範な仕事や重大な仕事が任されていない人の場合は、「中心概念をつかんだり、ロジカルに考えたり」といっても、そう簡単なことではありませんので、とりあえずは、与えられた仕事を速く正確にやることです。その仕事の納期というか、締め切りがいつなのかを早く自己確認して、それより、もっと早い段階で仕上がるように努力することが大切なのです。

「他の部署の仕事」についても関心を持ち、手伝っていく

なお、「納期や締め切りより、早く仕上がった場合にどうなるか」ということですが、自分がほかの仕事をプラスアルファですることもできるし、空《あ》いた時間で、ほかの人の仕事を手伝うこともできます。

そのように、「この人はいつも仕事が速いので、仕事が増えてきたときに頼《たの》める」ということであれば、やはり、頼《たよ》りにされるでしょうし、周りから仕事が集まってくるはずです。

また、できる人になると、今度は上司の仕事を取り始めるようになります。仕事がいっぱいいっぱいなら無理ですが、簡単に、正確に迅速《じんそく》に、そして、締め切りよりも早く終わっていて余力があると、人から仕事を頼まれるようになるし、さらに言えば、上の仕事をだいたい取っていくようになるのです。

もちろん、奪おうとしているわけではありません。ただ、結局、あなたが言うように、「中心的な概念を押《お》さえよう」とか、「論理的に考えよう」とかいうような傾《けい》向《こう》を持っていると、基本的に、上司がやっている仕事のほうに関心が向いていくはずなので、〝上〟がやっている仕事を自分ができるようになっていき、その結果、仕事が下りてきます。そのように、手が空いてくれれば、上の仕事が下りてくるのです。さらに、できれば、「自分の部署以外の仕事」についても、関心を持って見ていくことが大事でしょう。

そういう意味で、知識や情報、アイデアなど、いろいろなものが飛び交《か》うなかで、さまざまなものを見たり聞いたり経験したりしながら、自分のやるべきことについては、「あいつに任せておけば、必ず間違《まちが》いなくやる」と言われるように、キチッとやることとです。

そうしながら、それ以外のところにも情報網《もう》を張って、よくアンテナを立てて聞いておき、「そのなかで自分ができることがあれば、いつでもお手伝いする。横から同僚《どうりょう》の仕事も手伝えば、上の仕事も手伝う」ということが大事でしょう。

上の人の仕事を見て「隙《すき》を埋《う》めるような企画《きかく》」を提案する

今、あなたがやっている仕事が、海外の支部との連絡役《れんらく》だった場合、それがあなたの仕事と決まっていたとしても、仕事の間に手が空くことだって当然あるし、自分の勉強によって、余力が出てくることもあるわけです。

そうしたときに、例えば、「国際指導研修局の企画《きかく》として、こんなこともできます」というように、企画を考えることもできると思うのです。

「総裁はいろいろな教材をつくってくれているけれども、どうも、当会の職員の勉強を見てみると、『英検準一級』あたりの合格率がまだ足りていないので、このあたりの合格者をもう少し出さないといけない。それなのに、それより上の教材ばかり、やたらたくさんある。

準一級より上の『英検一級』レベル、ＴＯＥＩＣ《トーイック》で言うと、八百点以上、九百点以上のレベルの教材を、総裁はやたらとつくっているけれども、職員はその前の準一級のレベルのところが超《こ》えられていない。

それに、全国の高校の英語の教員であっても、半分以上の人はこれが取れないので、『何とか取ろう』と言って、一生懸命《いっしょうけんめい》、文科省が声をかけているところだ。だから、間違いなく、日本人の壁《かべ》はこのへんにある。

ただ、総裁がつくった教材だけでは、この部分が足りない。ここのところを少し補強しないと、このあたりで落ちている人がたくさんいる」

こうしたアイデアは、まめにリサーチすれば、湧《わ》いてくることもあるでしょう。

要するに、「準一級を通らないので、もっと上の教材ばかりやればよいか」というと、それでは受からなくて、実は、それより下の部分で抜《ぬ》けているものがあったりするのかもしれません。

このようなことは、その教材を実際に使って勉強していると、分かってくる面はそうとうあると思いますので、それをそのまま提案することもできるでしょう。

また、自分でサンプルを付けて提案するという手もあります。例えば、「こういうものは使えるのではないでしょうか」という感じで、「つくって、上げる」という手もあるわけです。

もちろん、上司は、「おまえ、こんなものを出したら失礼だろう」と言うのは当然だと思います。ただ、「現実には、総裁はいつも高望みする癖《くせ》があり、要求レベルとして、やや上のほうが出てくる気《け》があるので、どうしてもそこのところに隙《すき》が出る。〝その部分〟を、何とかして埋《う》めなくてはいけない」というようなニーズは、現場にはあると思うのです。

現場の国際本部職員の目で「英語教材のニーズ」を考える

ちなみに、当会の職員に対して英語の試験をしてみると、だいたい私が思っているよりも学力が低いことが多いのです。たいてい低くて、「あれっ？」と思うようなことがあります。

「もしかしたら、このくらい悪いこともあるかもしれないな」と思う程度をなかなかキープできないことが多くて、「まさか、このあたりということはないだろう」と思うぐらいの結果が出ることがあるのです。

例えば、一カ月ほど前に（二〇一三年十二月二十一日）、「黒帯英語検定一級」の認定試験を行いました（『黒帯英語への道』テストのこと。テキストは『黒帯英語への道』〔全十巻、宗教法人幸福の科学刊〕）。

それは、さらに、その一カ月半ほど前に（二〇一三年十一月八日）、「黒帯英語検定初段」の認定試験を行って、ほとんどの人が落ちたからです（『黒帯英語』シリーズテストのこと。テキストは『黒帯英語初段』〔全十巻、宗教法人幸福の科学刊〕）。

そのときは、本当は合格者が二名ぐらいだったのです

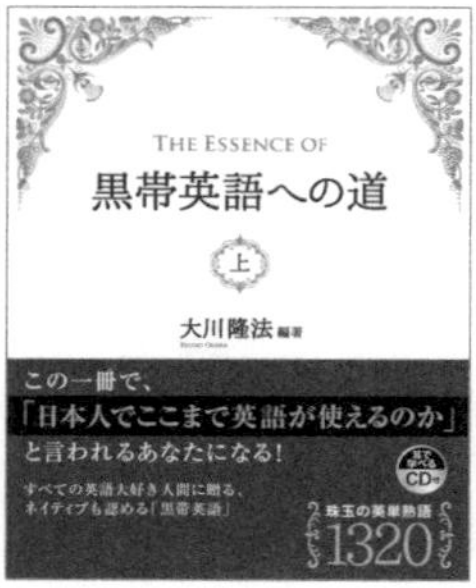

ビジネスでも趣味でも通用する“英語大好き人間”を目指す
『The Essence of 黒帯英語への道（上・下）』。
（上巻は英単熟語 CD2枚付き、共に幸福の科学出版刊）

が、水増しするために、十点ほど合格ラインを下げて、九名ぐらいまで合格させました。「勉強すれば、将来的に学力は上がるだろう」と思って、合格させたのです。

そこで、次に、「黒帯英語検定一級」の試験問題をつくる際に、英検一級のレベルに設定して、最初は、「このくらいできなければ、一級レベルは行かないだろう」というものをつくったのですが、「もしかしたら、できないのではないか」という感じもして、「そんなに易《やさ》しくしたら、失礼に当たるかもしれない」とは思いつつも、記号式の問題をやや増やして、もう少し点が取れるようにしました。要するに、『黒帯英語検定初段』の試験で、三十点ぐらいだった人が五十点になり、五十点の人が七十点ぐらいになるあたりにまで易しくしなくてはいけない」と思って、わざわざ、長文の難しい問題を外し、少し易しいものに差し替《か》えたのです。

そうすると、ちょうど、それが英検一級の人なら受かるぐらいのラインになったので、「やはり、私の見方がかなり違うらしい」ということは、よく分かりました。

そのように、当会がつくっている英語の教材などにも、まだ〝穴〟はあるはずです。実際に勉強している職員たちが見れば、「このあたりをたくさん落としている」というところがあるでしょう。現場の国際本部等にいる人であれば、こうしたことに気づくことはあると思うのです。

国によって違《ちが》う「英語の使い方」をまとめる仕事もある

あるいは、国によって、〝違《ちが》う英語〟がたくさん使われていますが、そのような、「国によって英語が違う」という部分の補整なども〝隙間《すきま》〟でしょう。

例えば、以前、タイのインラック首相（当時）の守護霊霊言《しゅごれいれいげん》を収録したときに述べましたが、タイ語では、動詞に、「過去・現在・未来」という時制を表すような形がありません（『守護霊インタビュー　タイ・インラック首相から日本へのメッセージ』〔幸福の科学出版刊〕参照）。

そのため、英語で話すときにも同様で、動詞は全部、現在形になってしまい、「yesterday《イエスタデイ》」が付いたら過去形、「today《トゥデイ》」が付いたら現在形、「tomorrow《トゥモロウ》」が付いたら未来形になるわけです。

そうした話を少ししましたが、そのような癖がタイにはあります。

また、フィリピンはフィリピンで、また違う癖があって、いろいろなところで、少しずつ誤差があるのです。

当然、インド英語にも違いはありますし、イギリスでは使うけれどもアメリカでは使わないもの、アメリカでは使うけれどもイギリスでは使わないものなど、いろいろあるわけです。

実際に、このあたりの国によって〝偏差《へんさ》〟が出てくる部分については、国際本部で仕事をしていると経験的に分かってくるはずです。例えば、この〝隙間〟のところについて、情報を集めていって、国別に、「ここの国では使うが、ここでは使わない」というように、まとめたものをつくれたら、やはり、「さすが現場だな」ということになるでしょう。

このように、知恵《ちえ》を働かせてみることが大事なのではないかと思います。

英熟語などを見ていても、「イギリスではこう使うけれども、アメリカではこう使う」というものや、「イギリスとアメリカで単語が入れ替わるもの」などもあります。

私のほうは、アメリカ英語を中心にやってはいますが、大英帝国圏《ていこくけん》だったところであれば、イギリス英語のほうが遺《のこ》っているため、使わないものもあるわけです。そのあたりの区別までつけるとなると、もう一段、修行《しゅぎょう》が要るでしょう。ただ、それは、国際本部に身を置いている人間なら、次第《しだい》に蓄積《ちくせき》しようと思えば、できないことではありません。

要するに、どこに目をつけるかによって、仕事の種はいくらでも転がっているので、そのへんについては、自分でやってもいいし、提案というかたちでもできるのではないでしょうか。

あるいは、海外での真理の広げ方、伝道の仕方などでも、「どのようにやったものは効果的で、どのようにやれば効果的でなかったのか」を、もっともっと分析《ぶんせき》していけば、提案ができると思います。

幅広《はばひろ》い関心を持って、現場から情報を集める

もしかしたら、「中心概念」とか、「論理的に」とかいうのは、難しく、もう少し大きな会社等の考えなのかもしれません。まずは、〝泥臭《どろくさ》い〟かもしれないけれども、「よくよく分析して、いかなる工夫《くふう》ができるか」というあたりからスタートすべきだと思うのです。

そのアイデアのもとは、やはり、小さな情報の集積でしょう。他人《ひと》が、「そのあたりは、いいだろう」と適当に放置しているところを見逃《みのが》さずに、そこまで考えてみることです。そのようなことが大事だと思います。

例えば、「ＨＳＵを、あと一年ぐらいで開学し、第二外国語科目を十言語ぐらい開講することになっている」とします。

その場合、「総裁が十言語のテキストを書けるか」というと、それは大変な労力

であり、死に物狂《ものぐる》いにならざるをえないので、できないでしょう。ただ、翻訳《ほんやく》が出ている以上、当会のなかにいるか外にいるかは知りませんが、どこかに、それができる人を確保しているのだろうとは思うのです。

そういう意味で、「ＨＳＵの入門書レベルのテキスト」ぐらいであれば、「国際本部のほうで準備しておきます」というような企画ぐらい、あってもおかしくはありません。十言語ものテキストを、私がつくれるはずはないのです。そんなことをしたら大変なことになるでしょう。もっともっと〝ミラクル・スーパーマン〟にならなければ、それは不可能です。

やはり、そうした企画を立てることはできるのであって、それは、立場や視点を少し変えてみれば分かることだと思います。

ともかく、そのあたりの埋まっていない部分、隙がある部分について考え、埋めていくことで、トータルの仕事としては、現実に前進していくでしょう。

そうしたことが大事なので、幅広《はばひろ》い関心を持って、よくアンテナを立てておくことです。情報は、上に行くほどだんだん縮まってはいきますが、下で現場に近ければ近いほど、実は「アイデアの宝庫」ではあります。そうしたアイデアの宝庫に近いところにいて、何をつかみ上げてくるかが大事なことなのです。

「提案」は「ダイヤモンドの原石」を探す大切な仕事

例えば、ダイヤモンドにしても、最後の加工をするところは、腕《うで》のいい職人がやっているでしょうが、最初は小川のようなところで、一生懸命、石と一緒《いっしょ》に泥水をすくって、ダイヤモンドの原石を探しています。そのへんから始まるわけですが、そうした原石を探す作業をしてくれなければ、やはり、高価な指輪やネックレス、ペンダントはつくれないでしょう。

つまり、そのあたりの仕事があるわけで、まだ管理職になっていない人でも、原石の部分を探し出すような仕事はたくさんあるのです。

それは、決して論理的なものではないかもしれないし、中心概念を押さえるというものでもないかもしれません。もし、「一カラット以上の大きなダイヤモンドだけを探す」ということが、「中心概念をつかむ」ということであれば、「一カラットですか。一カラットは出ないですね。一年たっても出てきません」などということもあるでしょう。

しかし、一カラットはなくても、〇・一カラットでも、〇・三カラットでも、〇・五カラットでも、使い道はあるのです。隙間を埋めていくようなダイヤもあるわけで、〝屑《くず》ダイヤ〟であっても必要な面はあります。価格帯が違う宝飾品《ほうしょくひん》もあるので、そうしたことも大切な作業だと思うのです。

とにかく、ダイヤモンドが小さくとも大きくとも、とりあえず、「ダイヤモンドを探す」という作業を現場でしなければ、ダイヤモンドの原石は上がってきません。これは間違いないのです。

それを研磨《けんま》し、さらに細工《さいく》するのは上の仕事かもしれませんが、「原石の部分を探してくる」という仕事は、やはり、やらなければいけないでしょう。

要するに、ダイヤモンドの原石を拾ってくることは「提案」に当たるわけです。ところが、そういう人を見て、「おまえは生意気《なまいき》だ」と言う上司がいたら、それは少しおかしいと思います。

もしかしたら、ダイヤモンドを拾ってくると怒ったり、「規格の一カラットに達していないから、こんなものを持ってくるな」と言ったりするような上司が、どこかにいるかもしれません。

しかし、「うちが目指しているのは一カラット以上のダイヤモンドで、それを高級ダイヤ店で売ることになっている。一カラットが限界だから、〇・九カラットしかないものは捨てる」というようなことを、もしやっているのであれば、それはもったいないでしょう。それは、別のルートで使うこともできるからです。

そういう意味で、「現場力」というものはありますし、現場はそうした情報に近いため、アイデアの宝庫であるわけです。そのアイデアを集めるための中心概念は、経営部門に近いところが考えていることでしょう。

「単なる多角化」では倒産《とうさん》や失敗をすることもある

また、「ロジカル・シンキング」のなかの一つには、「組織としてやっている仕事と波長《はちょう》が合う仕事かどうか」という判断もあると思います。

そのため、「単なる多角化では、安全になるとは限らない」と言われています。単なる多角化では倒産《とうさん》になることもありますし、慣れていない仕事に手を出したら、失敗することもあるわけです。

例えば、ユニクロ（ファーストリテイリング）は青果店をやって広げようとしましたが、たちまち、「全部店じまい」になりました。

やはり、アパレルなどをやっているような会社が青果店をした場合、ノウハウが違うのでしょう。それは、百貨店であってもなかなか難しいのです。青果店は〝デパ地下〟にはあるかもしれませんが、業種によって違いがあるので、普通《ふつう》はできるものではありません。そういうことがあります。

ロジカルに考える場合、宗教であれば、「宗教ができる仕事はどこまでか」というものがありますし、やってはいけない仕事もあると思うのです。

例えば、「教育事業」などであれば、ある程度、親和性があるでしょう。

それから、幸福の科学では「アニメ映画」などもつくっています。これは、宗教とは違うようにも見えるけれども、アニメは、日本文化を〝輸出〟して海外で観《み》てもらえるためのツール、強力な〝武器〟として信認を受けているわけです。つまり、アニメやマンガなどには、政治性の違いを乗り越《こ》えて浸透《しんとう》していくものがあるのです。

一方、「宗教が真逆のことまでやった場合、許されるかどうか」という点では、問題があります。

映画「神秘の法」
（2012年公開／製作総指揮・大川隆法／幸福の科学出版／日活）

映画「UFO学園の秘密」
（2015年公開／製作総指揮・大川隆法／幸福の科学出版／日活）

例えばの話ですが、ここ、幸福の科学総合本部は十階建てであるけれども、「当会にも不況《ふきょう》の嵐《あらし》が吹《ふ》いて、総合本部の職員は半分でよくなった。建物の半分ぐらいはレンタルにして店を出せる。ここは五反田《ごたんだ》であるので、風俗《ふうぞく》営業を開始する」ということで、幸福の科学総合本部の仕事をしながら、同時に、空いた空間の有効利用として風俗営業を始めたのであれば、教団崩壊《ほうかい》の危機が迫《せま》ってくるでしょう。

そういう意味で、手を出してはいけない部分もあるのです。そのへんについては、ロジカルに考えていくときに、「それをやっていいかどうか」という判断がありまず。これは本当に難しいことなのです。

不動産に対する考え方が違《ちが》った「松下幸之助《まつしたこうのすけ》と中内㓛《なかうちいさお》」

例えば、中内㓛《なかうちいさお》さんがダイエーを広げていったときは、「ダイエーの店を郊外《こうがい》に出すために大きな土地を買う。そこにダイエーの店が建ったら、土地の値段が倍ぐらいに上がり、担保力《たんぽりょく》が上がる。それを梃子《てこ》にして銀行から借り入れをし、次の土地を買う。また、店を出す」というかたちでした。これによって、いくらでも店を出していけたわけです。

これは、「土地の値段は下がらないで、上がり続ける」という〝信仰《しんこう》〟の下《もと》に成り立ったのですが、「バブル潰《つぶ》し」が起きると、土地の担保価値がなくなり、銀行は不良債権《さいけん》の山になりました。そして、銀行がお金を引き揚《あ》げ始めたため、会社が潰れてきたのです。

中内さんは、こうした「もう一方の面」を考えていなかったわけです。

それよりも、もっと前の段階ですが、松下幸《まつしたこう》之助《のすけ》さんにも同じ問題が起きました。

例えば、松下さんが鳥取《とっとり》へ行って旅館に泊《と》まったとき、旅館の仲居《なかい》さんから、「幸之助先生、若い人はみんな、都会に出ていくので困っているんです。町や村に何か仕事をつくってくださ

松下幸之助（1894 ～ 1989）
松下電器産業（現パナソニック）を創業し、「経営の神様」と呼ばれる名経営者。政治家養成機関・松下政経塾の創立者でもある。『実践経営哲学』『商売心得帖』等、著書多数。

い。工場でもつくってくれたら地元で働けるようになり、みんな帰ってこられるので、工場か何かを出してください」と言われたので、「分かった」と答えたそうです。

このように、松下さんは地方で頼まれたため、そこに工場を出しました。輸送上は不便な面もあるのですが、地方でも、松下電器（現パナソニック）の工場を建てたりしていたのです。

そのときに、やはり、ダイエーと同じような〝誘惑《ゆうわく》〟がありました。工場に必要な用地の倍の大きさを買っておけば、土地はだいたい二倍の値段になるので、土地の値段が上がったときに余分な土地を売ると、そこで建てた分の工場代がタダになるからです。

しかし、彼は、「これは本筋《ほんすじ》ではない」と判断しています。

「これでは〝土地転がし〟のような感じだ。『工場を建てれば土地の値段が上がるので、不動産の値上がりを見込んでお金を儲《もう》ける』ということをやれば、不動産業になる。家電メーカーが不動産業をやれば、業種としては違いすぎるし、そんなもので泡銭《あぶくぜに》のようなお金が入ってき始めると、小さなランプや電気製品をつくって売っていることがバカバカしくなってくる。『大きな土地をパカッと買ったら、すぐに数億、数十億円と儲かる』となれば、本業のほうができなくなるし、数百円や数千円の利幅でやっている仕事ができなくなってくる。だから、やらない！」

このように、松下さんは決断しています。ダイエーがそうしたやり方をするよりも、ずっと早い段階で決断し、やらずに、それを守っていたのです。それが、バブル崩壊のときに、松下電器が影響《えいきょう》を受けなかった理由です。そういう考え方もあるわけです。

そういう意味で、本業が駄目《だめ》になるようなものにまでは手を出してはいけません。それを、アイデアとして出してはいけない面もあるのです。

アイデアのなかに「文化的な風土」が通《とお》っているか

ただ、手を出してはいけないと思っているものでも、「実は役に立つもの」もあります。

先ほど述べたアニメでも、「単なる低俗なものだ」と考えれば、手を出してはいけないかもしれませんが、「布教《ふきょう》の主体になりうる」という点を捉《とら》えれば、内容によっては伝道にもなるわけです。

しかし、「宗教がアニメをつくってもいい」ということで、アニメなら何でもよいのでしょうか。アニメのなかにもいろいろなものがあるので、いわゆるゲーム感覚のアニメのようなものをたくさんつくり始めたら、どこかがおかしくなってくるでしょう。当会は任天堂《にんてんどう》ではありませんので、どこかがおかしくなってくると思うのです。

したがって、「節《せつ》を曲げずに、通《とお》さなければいけない部分は通す」という面は要るでしょう。つまり、「アイデアや提案、企画のなかに、文化的な風土が一本通っているかどうか」ということです。

もちろん、その会社の持ち味として、そういう〝遺伝子〟がある場合は、できることもあるとは思います。

「ためになる宗教」を目指している幸福の科学

また、当会が政治に手を出していることも、宗教のなかでは異端視《いたんし》されるところもあります。異端かもしれませんし、そうではないかもしれません。これも〝実験〟しているところですが、「仏国土《ぶっこくど》・地上ユートピアづくり」ということになれば、政治のほうと関係してきます。

私が本章の最初で述べた「消費税上げ」や「給料上げ」の話などは、現実には宗教の話ではないかもしれません。しかし、結果論的には、そういう政策によって職を失ったり、就職できなかったりした人たちは、幸福の科学の支部に相談に来ることが多いわけです。あるいは、子供の教育の相談や、結婚《けっこん》・離婚《りこん》の相談になってくることもあります。そのように波及《はきゅう》してくることがあるため、それらを解決するための「智慧《ちえ》」について話をしていることがあるわけです。

あるいは、今日の「できる社員の条件」というテーマであれば、経営コンサルタントの仕事かもしれません。今朝《けさ》の新聞を見ると、「船井《ふない》総研の船井幸雄《ゆきお》さんが亡《な》くなった」という記事が出ていました。別に（霊的に）コンタクトをするつもりはないので意識は向けたくないと思っていますが、あのような会社でも、このテーマは仕事にしたいことでしょう。「上司力」でも、「できる社員」でも、仕事にしたいだろうと思います。そういう意味で、バッティングしている面はあるかもしれません。

ただ、実際上は、信者のみなさんに植福《しょくふく》（布施《ふせ》）をお願いしていたり、「出世しなさい」と言って祈願《きがん》を行《おこな》ったりしている以上、「現実力」をつけてもらうことも大事であるため、そういう話を出すことが救いになることも事実です。そのため、勉強になることは言ってあげたほうがよいのです。

さらに、新宗教への悪口としては、「宗教に入ると、がっぽりお金を巻き上げられて損をする。そして、家庭が崩壊する」というようなものが多いのですが、幸福の科学は、「ためになる宗教」を目指しています。当会も一定のお布施はしてもらわなければいけませんが、それは、ほかの宗教のお布施と違って、「自分のためになる」わけです。私は、教養や専門知識が身につき、生きていく力がつくような「実学」に近い部分を、説法《せっぽう》の折々に入れているため、きちんと布施の（精進の）

部分の〝見返り〟が、〝自然に信者に来る〟ようになっているのです。

そういう意味で、「宗教に狂ったので、おかしくなった」と言われないで済むための〝防波堤《ぼうはてい》〟として、「説法のなかに、一部、この世的にも役に立つ知識を入れ込んでいる」という面があるわけです。「『植福してください』と言うだけでなく、お金が儲かる方法から教えていったほうが健全でしょう」と考え、経済学の原理に則《のっと》って教えているのです。

以上、そのような、ものの考え方について述べました。

「英語ができても必ずしも出世しない」という法則

国際系に関しては、いろいろな論点はあろうかと思いますが、一つには英語の問題があるでしょう。

今はどうなのかは知りませんが、「社内英語公用語化」により、「TOEICを○点以上取らなければ駄目だ」と言って、取り組んでいる会社は多かったのです。名前は挙げませんが、球団を持っている某《ぼう》会社なども、「役員の条件はＴＯＥＩＣ八百点以上である。英語で会議をするから、それを超えなければクビだ」ということで、みんな英語の勉強や英会話ばかりしているそうですが、少し危ない面があると思います。

やはり、その発想のなかには、トップの微妙《びみょう》な感情が入っているのでしょう。留学をしてＭＢＡ（経営学修士）を取ってこられた方ですから、英語によって社員を〝臣従《しんじゅう》〟させようとしてやっている部分はあると思います。しかし、その方は、本当は全部が見えていないのです。

彼は「銀行からの留学」というかたちで海外に行っていますが、私が以前勤めていた会社のほうは、海外と関係がある仕事をしている人たちが半分ぐらいいるところであったので、「英語ができるからといって、必ずしも出世しない」ということは、法則として知っていました。

商社であれば、やはり、英語ができなければいけません。これは前提条件ですし、英語が好きで、ある程度できるのはそのとおりです。ただ、「英語だけに対して、あまりにスペシャリスト化した場合には、エリートにならなくなる。道がそれてくる」というケースが数多く見られました。そういう人が法則的に出てくるのです。

おそらく、英語にかけている時間が長すぎるために、本業のほうの業務知識が足りないのでしょう。あるいは、通常の仕事のレベルで言えば、いわゆる企画をしたり、提案をしたり、プロジェクトをまとめたり、クレーム対応をしたり、部下を育てたりするなど、当然あるべき仕事の能力が足りなくなっているわけです。

スペシャリストになればなるほど、孤独《こどく》な競争の世界に入っていきますので、「自分一人だけよくできる」と思うのでしょう。ただ、現実には商社へ入っても、英語だけのスペシャリストのようになり、通訳代わりに使われているような人がいたわけです。偉《えら》い人が海外へ行くときに、通訳として同行しているような仕事になり、本業のラインのほうでは上に上がってこないケースが数多く見られました。

「英検一級の人」が「英語が要《い》らないセクション」に回される理由

以前にも話をしたことがあるのですが、私が会社時代にいた財務本部のなかには、現金の出し入れをしたり、外から来る請求書《せいきゅうしょ》の支払《しはら》いをしたり、キャッシュディスペンサー（現金自動支払機）のようなものが置いてあるため、社員がお金を取りにきたりする、出納《すいとう》課のようなところがありました。ここは海外と関係がない部門なので、定年間際《まぎわ》の管理職から外れたような人など、五十、六十代ぐらいの人がたくさん溜《た》まっていたところなのですが、そこに、四十代前半ぐらいで英検一級を持っている課長がいたのです。

あるとき、その課長が、「なぜ、英検一級を持っている私が出納課に配属されるのですか」と言ったら、財務本部で人事関連の権限を持っている室長が、「おまえは英検一級を持っていて、出納課に配属された理由が分からないのか」などと言い返していました。私はそれをじかに聞いた覚えがあります。要するに、「英語が要《い》らないセクションに回されている理由が分からないのか」ということです。

おそらく、その課長は英語は話せても、仕事については欠けているものがあったのだろうと思います。相手とネゴシエーション（交渉《こうしょう》）するなど、仕事における知力が足りなかったか、あるいは業務知識の幅が足りなかったのでしょう。

要するに、「英語の試験はできても、仕事のほうはできないから、難しい交渉力が要らないセクションへ回されているんだ。そのことの意味を知れ」と言われているわけです。

専門知識だけでなく「全体的なバランス」も必要

この類《たぐい》のものは、ほかにも例がかなりありました。

したがって、英語の能力を上げることも大事なのですが、「それが全部ではない」ということは知っておいたほうがよいでしょう。英語は「必要条件」かもしれませんが、「十分条件」ではありません。管理職になっていくための十分条件は、会社の売上や利益を上げたり、経営を安定させたり、採算を取ったり、コストの部分をきちんと見たり、人が上手に使えたり、対外的な交渉をしたりする能力などであり、全体とかかわっているわけです。

例えば、あなたがた国際本部の研修担当の人がフィリピンで研修を開き、そこに人が来たときに、「とにかく難しいことを言っても分からないから、『エル・カンターレはイエスの父なんです!』と言った。それだけでウワーッと広げた」などというようなことでも、一つの成果です。それを考えつくだけでも成果です。

ところが、英語ができすぎるような緻密《ちみつ》な頭脳であれば、そんな簡単なことは言えない可能性があります。「いろいろな細《こま》かい説明を一生懸命に英語でしていて、伝道が全然進まない」ということもないわけではないのです。実際に信者が増えていくのであれば、それは成果として測ることができます。

そういうことがありますので、どうか、「専門能力を持つ必要はあるけれども、全体的なバランスの部分も持たないと駄目だ」ということも知ってください。つまり、日本語能力も必要ですし、日本語での教養や専門知識も要るわけです。それから、海外のいろいろな雑情報も要るでしょう。

以上、〝欲張り〟なことをたくさん申し上げました。「できる社員」になるのは大変ですが、とりあえず、「上司が重宝《ちょうほう》がるような人にならなければ駄目だ」と思ってもらえれば、簡単な結論になるでしょう。

POINT

- □「中心概念の把握」や「ロジカル・シンキング」は管理職に必要な能力。立場がまだ低い人は、まずは与えられた仕事を速く正確にやることを心掛ける。
- □上司などの仕事に「隙」や「穴」がある部分を発見して、そのニーズを埋めるような企画を考えていけば、トータルの仕事としては前進していく。
- □現場に近ければ近いほど、「アイデアの宝庫」になる。現場の情報から「ダイヤモンドの原石」を探すことが提案に当たる。
- □「ロジカル・シンキング」には、「組織としてやっている仕事と波長が合う仕事かどうか」という判断がある。「単なる多角化」ではなく、アイデアや提案のなかに、「文化的な風土」が一本通っていることが大事。
- □管理職になっていくには、英語などの専門能力だけではなく、業務知識や交渉力、部下を育てる能力など、「全体的なバランス」の部分も持つ必要がある。

あとがき

幸福の科学の仕事を足かけ三十六年やり続けてきました。ほとんど一人仕事だった頃から、段々《だんだん》に組織が大きくなってきました。本当のことを言えば、職員が五十人ぐらいの時が、一番やりがいもあり、自分の存在感もありました。

その頃、某《ぼう》大教団から移ってきた職員が、そこのトップは、支部長の名前も顔も覚えられず、辞《や》めてもわからない、と言っているのを聞いて、「そんなバカな。」と思ったものです。

しかし、当会も、職員が千人、二千人となり、海外百数カ所まで支部・拠点が広がってくると、私も、支部長の名前も、スタッフの名前もわからなくなってきました。初期に活躍していた在家の信者も、ずい分と遠くに存在しているように感じられます。祈りを通してしか私と心の交流ができない人が増えてきたのです。

今は、自分の考えをできるだけ平明《へいめい》に発表して、各人に「任《まか》せたよ。」と私の方が祈る番です。どうか仕事のできる人間が本書をきっかけにたくさん生まれますように。

二〇一七年　二月二日

幸福《こうふく》の科学《かがく》グループ創始者兼総裁《そうししゃけんそうさい》　大川隆法《おおかわりゅうほう》

『仕事ができるとはどういうことなのか』大川隆法著作関連書籍

『正義の法』（幸福の科学出版刊）
『忍耐の法』（同右）
『忍耐の時代の経営戦略』（同右）
『堺雅人の守護霊が語る 誰も知らない「人気絶頂男の秘密」』（同右）
『魅せる技術――女優・菅野美穂 守護霊メッセージ――』（同右）
『守護霊インタビュー タイ・インラック首相から日本へのメッセージ』（同右）
『The Essence of 黒帯英語への道（上・下）』（同右）

※左記は書店では取り扱っておりません。最寄りの精舎・支部・拠点までお問い合わせください。
『どうすれば仕事ができるようになるか』（宗教法人幸福の科学刊）
『黒帯英語への道』（全十巻・同右）
『黒帯英語初段』（全十巻・同右）

仕事《しごと》ができるとはどういうことなのか

2017年2月14日　初版第1刷

著　者　　大《おお》川《かわ》隆《りゅう》法《ほう》

発行所　　幸福の科学出版株式会社

〒107-0052 東京都港区赤坂2丁目10番14号
TEL(03)5573-7700
http://www.irhpress.co.jp/

印刷・製本　株式会社 堀内印刷所

落丁・乱丁本はおとりかえいたします

ISBN978-4-86395-878-4 C0030
写真：Naresuan261/Shutterstock ／ SFIO CRACHO/Shutterstock ／ AFP ＝時事
時事／ GaudiLab/Shutterstock ／ K.Narloch-Liberra/Shutterstock

大川隆法ベストセラーズ・ビジネスパーソンに贈る

不況に打ち克つ仕事法

リストラ予備軍への警告

仕事に対する基本的な精神態度から、ビジネス論・経営論の本質まで。才能を開花させ、時代を勝ち抜くための一書。

2,200円

稼げる男の見分け方

富と成功を引き寄せる 10 の条件

仕事の仕方や性格など、「出世するオトコ」は、ここが違う！ 婚活女子、人事担当者必読の「男を見抜く知恵」が満載。男性の自己啓発にも最適。

1,500円

女性が営業力・販売力をアップするには

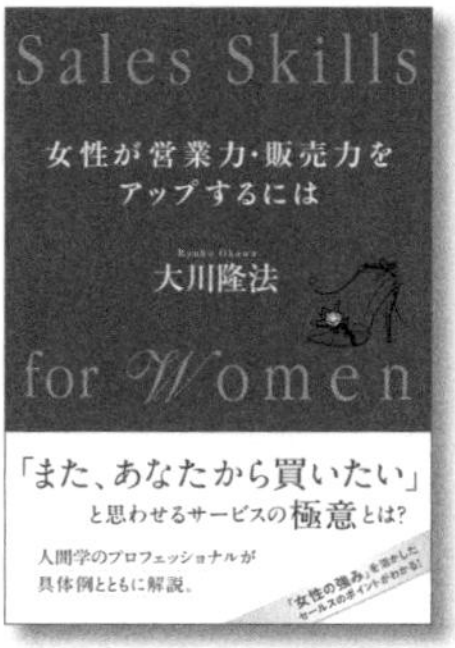

一流の営業・販売員に接してきた著者ならではの視点から、「女性の強み」を活かしたセールスポイントを解説。お客様の心を開く具体例が満載。

1,500円

※表示価格は本体価格（税別）です。

大川隆法ベストセラーズ・ビジネスパーソンに贈る

サバイバルする社員の条件

リストラされない幸福の防波堤

能力だけでは生き残れない。不況の時代にリストラされないためのサバイバル術が語られる。この一冊が、リストラからあなたを守る!

1,400円

希望の経済学入門

生きていくための戦いに勝つ

不況期でも生き残る会社、選ばれる人はいる! 厳しい時代だからこそ知っておきたい、リストラや倒産の危機から脱出するための秘訣。

1,500円

実戦マーケティング論入門

経営を成功に導くための市場戦略

総合商社でのニューヨーク勤務と巨大非営利事業の経営成功体験から、抽象論になりがちな「マーケティング論」を"実戦"に即して入門解説。

1,500円

幸福の科学出版

大川隆法ベストセラーズ・ビジネスパーソンに贈る

凡事徹底と静寂の時間

現代における〝禅的生活〟のすすめ

忙しい現代社会のなかで〝本来の自己〟を置き忘れていないか？「仕事能力」と「精神性」を共に高める〝知的生活のエッセンス〟がこの一冊に。

1,500円

創造する頭脳

人生・組織・国家の未来を開くクリエイティビティー

最新の世相・時局を自由自在に読み解きつつ、どんな局面からも「成功」を見出す発想法を指南！現代を生き抜くための「実践兵法」をあなたへ。

1,500円

帝王学の築き方

危機の時代を生きるリーダーの心がけ

追い風でも、逆風でも前に進むことがリーダーの条件である――。帝王学をマスターするための智慧が満載された、『現代の帝王学序説』の続編。

2,000円

※表示価格は本体価格（税別）です。

大川隆法ベストセラーズ・発展する企業をつくる

忍耐の時代の経営戦略

企業の命運を握る３つの成長戦略

豪華装丁
函入り

消費増税後のマクロ経済の動向を的確に予測した一書。これから厳しい時代に突入する日本において、企業と個人がとるべき「サバイバル戦略」を示す。

10,000円

経営戦略の転換点

危機を乗りこえる経営者の心得

豪華装丁
函入り

経営者は、何を「選び」、何を「捨て」、そして何を「見抜く」べきか。〝超〟乱気流時代を生き抜く経営マインドと戦略ビジョンを示した一冊。

10,000円

経営とは、実に厳しいもの。

逆境に打ち克つ経営法

豪華装丁
函入り

危機の時代を乗り越え、未来を勝ち取るための、次の一手を指南する。「人間力」を磨いて「組織力」を高める要諦が凝縮された、経営の必読書。

10,000円

幸福の科学出版

大川隆法霊言シリーズ・経営者に成功の秘訣を訊く

松下幸之助「事業成功の秘訣」を語る

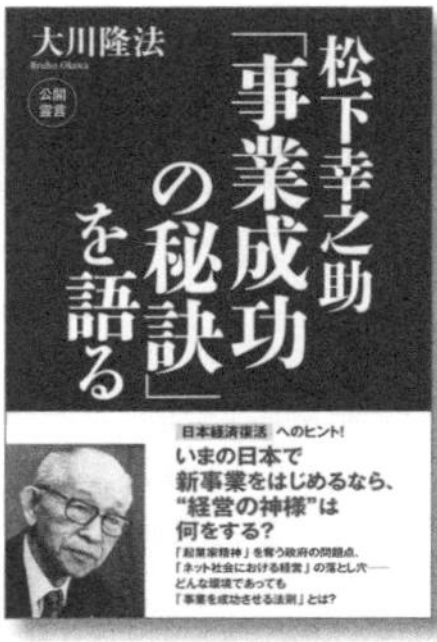

デフレ不況に打ち克つ組織、「ネット社会における経営」の落とし穴など、景気や環境に左右されない事業成功の法則を「経営の神様」が伝授!

1,400円

ダイエー創業者 中内㓛・衝撃の警告 日本と世界の景気はこう読め

中国にも、20年不況がやってくる!? 安売りでこれからの時代を乗りきれるのか!? カリスマ経営者からの緊急提言。

1,400円

逆転の経営術

豪華装丁 函入り

守護霊インタビュー ジャック・ウェルチ、カルロス・ゴーン、ビル・ゲイツ

会社再建の秘訣から、逆境の乗り越え方、そして無限の富を創りだす方法まで――。世界のトップ経営者3人の守護霊が経営術の真髄を語る。

10,000円

※表示価格は本体価格(税別)です。

大川隆法シリーズ・最新刊

正しい供養　まちがった供養

愛するひとを天国に導く方法

「戒名」「自然葬」など、間違いの多い現代の先祖供養には要注意！　死後のさまざまな実例を紹介しつつ、故人も子孫も幸福になるための供養を解説。

1,500円

映画「沈黙―サイレンス―」にみる「信仰と踏み絵」

スコセッシ監督守護霊とのスピリチュアル対話

命が助かるなら、踏み絵を踏むべきか？　遠藤周作の小説をもとに、ハリウッドの巨匠が描いた「神への不信」と「日本への偏見」。その問題点を検証する。

1,400円

女優・清水富美加の可能性

守護霊インタビュー

いま「共演したい女優No.1」と言われ、人気急上昇中の清水富美加――。その"愛されキャラ"の奥にある、知られざる素顔と魂の秘密に迫る。

1,400円

夏のあの日。
思い返せばわかることだった。
君のまなざしは、
すべて知っていたのだと——
君のまなざし
製作総指揮・原案／大川隆法
梅崎快人 水月ゆうこ 大川宏洋 手塚理美 黒沢年雄（特別出演） 黒田アーサー 日向丈 長谷川奈央 合香美希 春宮みずき
監督／赤羽博 総合プロデューサー・脚本／大川宏洋 音楽／水澤有一 製作・企画／ニュースター・プロダクション 制作プロダクション／ジャンゴフィルム
配給／日活 配給協力／東京テアトル ©2017 NEW STAR PRODUCTION
2017年 5月 ROADSHOW
kimimana-movie.jp
NIKKATSU

幸福の科学グループのご案内

宗教、教育、政治、出版などの活動を通じて、地球的ユートピアの実現を目指しています。

幸福の科学

一九八六年に立宗。信仰の対象は、地球系霊団の最高大霊、主エル・カンターレ。世界百カ国以上の国々に信者を持ち、全人類救済という尊い使命のもと、信者は、「愛」と「悟り」と「ユートピア建設」の教えの実践、伝道に励んでいます。

（二〇一七年二月現在）

愛

幸福の科学の「愛」とは、与える愛です。これは、仏教の慈悲《じひ》や布施《ふせ》の精神と同じことです。信者は、仏法真理をお伝えすることを通して、多くの方に幸福な人生を送っていただくための活動に励んでいます。

悟り

「悟り」とは、自らが仏の子であることを知るということです。教学《きょうがく》や精神統一によって心を磨き、智慧《ちえ》を得て悩みを解決すると共に、天使・菩薩《ぼさつ》の境地を目指し、より多くの人を救える力を身につけていきます。

ユートピア建設

私たち人間は、地上に理想世界を建設するという尊い使命を持って生まれてきています。社会の悪を押しとどめ、善を推し進めるために、信者はさまざまな活動に積極的に参加しています。

国内外の世界で貧困や災害、心の病で苦しんでいる人々に対しては、現地メンバーや支援団体と連携して、物心両面にわたり、あらゆる手段で手を差し伸べています。

年間約３万人の自殺者を減らすため、全国各地で街頭キャンペーンを展開しています。

公式サイト www.withyou-hs.net

ヘレン・ケラーを理想として活動する、ハンディキャップを持つ方とボランティアの会です。視聴覚障害者、肢体不自由な方々に仏法真理を学んでいただくための、さまざまなサポートをしています。

公式サイト www.helen-hs.net

INFORMATION

お近くの精舎・支部・拠点など、お問い合わせは、こちらまで！

幸福の科学サービスセンター

TEL. 03-5793-1727（受付時間 火～金：10～20時／土・日・祝日：10～18時）

幸福の科学 公式サイト happy-science.jp

幸福の科学グループの教育・人材養成事業

ハッピー・サイエンス・ユニバーシティ

Happy Science University

ハッピー・サイエンス・ユニバーシティとは

ハッピー・サイエンス・ユニバーシティ（ＨＳＵ）は、大川隆法総裁が設立された「現代の松下村塾」であり、「日本発の本格私学」です。

建学の精神として「幸福の探究と新文明の創造」を掲げ、チャレンジ精神にあふれ、新時代を切り拓く人材の輩出を目指します。

学部のご案内

人間幸福学部

人間学を学び、新時代を切り拓くリーダーとなる

経営成功学部

企業や国家の繁栄を実現する、起業家精神あふれる人材となる

未来産業学部

新文明の源流を創造するチャレンジャーとなる

未来創造学部

時代を変え、未来を創る主役となる

政治家やジャーナリスト、ライター、俳優・タレントなどのスター、映画監督・脚本家などのクリエーター人材を育てます。 ※

※キャンパスは東京がメインとなり、2年制の短期特進課程も新設します（４年制の１年次は千葉です）。2017年3月までは、赤坂「ユートピア活動推進館」、2017年4月より東京都江東区（東西線東陽町駅近く）の新校舎「HSU未来創造・東京キャンパス」がキャンパスとなります。

住所 〒299-4325 千葉県長生郡長生村一松丙 4427-1
TEL.0475-32-7770

教育

学校法人 幸福の科学学園

学校法人 幸福の科学学園は、幸福の科学の教育理念のもとにつくられた教育機関です。人間にとって最も大切な宗教教育の導入を通じて精神性を高めながら、ユートピア建設に貢献する人材輩出を目指しています。

幸福の科学学園

中学校・高等学校（那須本校）
2010年4月開校・栃木県那須郡（男女共学・全寮制）
TEL **0287-75-7777**
公式サイト **happy-science.ac.jp**

関西中学校・高等学校（関西校）
2013年4月開校・滋賀県大津市（男女共学・寮及び通学）
TEL **077-573-7774**
公式サイト **kansai.happy-science.ac.jp**

仏法真理塾「サクセスNo.1」 TEL **03-5750-0747**（東京本校）
小・中・高校生が、信仰教育を基礎にしながら、「勉強も『心の修行』」と考えて学んでいます。

不登校児支援スクール「ネバー・マインド」 TEL **03-5750-1741**
心の面からのアプローチを重視して、不登校の子供たちを支援しています。
また、障害児支援の**「ユー・アー・エンゼル!」運動**も行っています。

エンゼルプランV TEL **03-5750-0757**
幼少時からの心の教育を大切にして、信仰をベースにした幼児教育を行っています。

シニア・プラン21 TEL **03-6384-0778**
希望に満ちた生涯現役人生のために、年齢を問わず、多くの方が学んでいます。

NPO活動支援

学校からのいじめ追放を目指し、さまざまな社会提言をしています。また、各地でのシンポジウムや学校への啓発ポスター掲示等に取り組む一般財団法人「いじめから子供を守ろうネットワーク」を支援しています。

公式サイト **mamoro.org**
相談窓口 **TEL.03-5719-2170**
ブログ **blog.mamoro.org**

政治

幸福実現党

内憂《ない ゆう》外患《がい かん》の国難に立ち向かうべく、二〇〇九年五月に幸福実現党を立党しました。創立者である大川隆法党総裁の精神的指導のもと、宗教だけでは解決できない問題に取り組み、幸福を具体化するための力になっています。

幸福実現党 釈量子サイト
shaku-ryoko.net

Twitter
釈量子@shakuryoko
で検索

党の機関紙
「幸福実現NEWS」

幸福実現党 党員募集中

あなたも幸福を実現する政治に参画しませんか。

- 幸福実現党の理念と綱領、政策に賛同する18歳以上の方なら、どなたでも党員になることができます。
- 党員の期間は、党費（年額 一般党員5千円、学生党員2千円）を入金された日から1年間となります。

党員になると

党員限定の機関紙が送付されます。
（学生党員の方にはメールにてお送りします）
申込書は、下記、幸福実現党公式サイトでダウンロードできます。

住所：〒107-0052
東京都港区赤坂2-10-8 6階
幸福実現党本部

TEL **03-6441-0754**
FAX **03-6441-0764**
公式サイト **hr-party.jp**
若者向け政治サイト **truthyouth.jp**

出版
メディア
事業

幸福の科学出版

大川隆法総裁の仏法真理の書を中心に、ビジネス、自己啓発、小説など、さまざまなジャンルの書籍・雑誌を出版しています。他にも、映画事業、文学・学術発展のための振興事業、テレビ・ラジオ番組の提供など、幸福の科学文化を広げる事業を行っています。

アー・ユー・ハッピー?
are-you-happy.com

ザ・リバティ
the-liberty.com

幸福の科学出版
TEL **03-5573-7700**
公式サイト **irhpress.co.jp**

THE FACT
ザ・ファクト
マスコミが報道しない
「事実」を世界に伝える
ネット・オピニオン番組

Youtubeにて
随時好評配信中!

ザ・ファクト 検索

ニュースター・プロダクション

NEW STAR
PRODUCTION

ニュースター・プロダクション(株)は、新時代の"美しさ"を創造する芸能プロダクションです。2016年3月には、映画「天使に"アイム・ファイン"」を公開。2017年5月には、ニュースター・プロダクション企画の映画「君のまなざし」を公開予定です。

公式サイト **newstarpro.co.jp**

入会のご案内

あなたも、幸福の科学に集い、ほんとうの幸福を見つけてみませんか？

幸福の科学では、大川隆法総裁が説く仏法真理をもとに、
「どうすれば幸福になれるのか、また、
他の人を幸福にできるのか」を学び、実践しています。

入会

大川隆法総裁の教えを信じ、学ぼうとする方なら、どなたでも入会できます。入会された方には、『入会版「正心法語」』が授与されます。（入会の奉納は1,000円目安です）

ネットでも**入会**
できます。詳しくは、
下記URLへ。
happy-science.jp/joinus

三帰《さんき》誓願《せいがん》

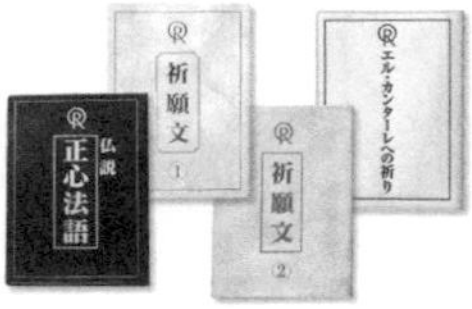

仏弟子としてさらに信仰を深めたい方は、仏・法・僧の三宝への帰依を誓う「三帰誓願式」を受けることができます。三帰誓願者には、『仏説・正心法語』『祈願文①』『祈願文②』『エル・カンターレへの祈り』が授与されます。

植福《しょくふく》の会

植福は、ユートピア建設のために、自分の富を差し出す尊い布施の行為です。布施の機会として、毎月1口1,000円からお申込みいただける、「植福の会」がございます。

ご希望の方には、幸福の科学の小冊子（毎月1回）をお送りいたします。詳しくは、下記の電話番号までお問い合わせください。

月刊
「幸福の科学」

ザ・伝道

ヤング・ブッダ

ヘルメス・
エンゼルズ

What's
幸福の科学

INFORMATION	
	幸福の科学サービスセンター
	TEL. 03-5793-1727（受付時間 火～金：10～20時／土・日・祝日：10～18時）
	幸福の科学 公式サイト **happy-science.jp**